なぜヒトラーはノーベル平和賞候補になったのか

マネー戦争としての第二次世界大戦

武田知弘

Tomohiro Takeda

ビジネス社

新装版まえがき

史上最悪の指導者として世界史にその名が記されているドイツのヒトラー。

彼がノーベル平和賞の候補になっていたことをご存知だろうか？

ノーベル賞の委員たちは、ヒトラーがノーベル平和賞の候補になっていたことをあまり語りたがらない。語ったとしても、「あれはジョークだった」などという滅茶苦茶な言い逃れをしている。しかし、ジョークとしてノーベル平和賞の正式な推薦をするなどということは、常識的にあり得ない。

なぜヒトラーがノーベル平和賞候補に推薦されたのか、詳しくは本文に譲るが、それなりの理由があったのである。ヒトラーとイギリス・チェンバレン首相との外交交渉において、第二次世界大戦を回避させたとして、世界中から称賛されたときがあったのだ。

昨年、トランプ大統領がノーベル平和賞候補となり物議をかもした。トランプが世界平和に何の貢献をしたのだ、と。これは日本の安倍首相が推薦したものだという（トランプ側が安倍首相に推薦を要請したという話もある）。

トランプ大統領に比べれば、ヒトラーのほうがよほど不自然ではなかったのだ。

本書はヒトラーを賛美するつもりも、ヒトラーの行状を肯定するつもりもない。

ただ「ヒトラーという悪人のために世界が大戦争に突き進んだ」というほど世界の歴史は単純なものではない、ということを旨としている。

第二次大戦というのは、経済問題に端を発した戦争なのである。ドイツがポーランドに攻め込んだのも、実は当時のドイツの経済事情と、国際経済が大きく絡んでいる。

また「アメリカから石油の輸出を止められたために、日本はアメリカに戦争を挑んだ」ということは、よく知られた話である。が、アメリカが日本への石油輸出を止めたのには、非常に複雑な経済的背景がある。単に、「日本が中国に侵攻したことをアメリカが怒った」という話ではない。

歴史というものは、政治や思想ばかりに目が行きがちである。しかし、歴史を本当に動かしてきたのは、経済なのである。経済面から見れば、歴史はまったく違って見えてくる。

人類に未曾有の被害をもたらした大戦争は、なぜ始まったのか？

本書において、経済面からその真実を追求していきたいと考えている。

第1章 すべてはドイツの経済破綻から始まった

第2章 ナチスが台頭した経済的要因

第3章 日本とイギリスの経済戦争

第4章 満州利権を狙っていたアメリカ

第5章 軍部の暴走に日本国民は熱狂した

第6章 世界経済を壊したアメリカ

第7章 なぜアメリカが世界の石油を握っていたのか？

第8章 日米英独の誤算

写真提供／アマナイメージズ
近現代フォトライブラリー

本書は2015年8月に小社より刊行した『マネー戦争としての第二次世界大戦』を改題、大幅な加筆を加え、再刊行したものです。

第1章

すべてはドイツの経済破綻から始まった

ベルサイユ条約という巨大な経済障害

第二次世界大戦の原因はさまざまある。が、もし最大の原因を挙げろと言われれば、それはドイツの経済問題にあるといえる。

第二次大戦はアドルフ・ヒトラーによる他国侵略が発端とされている。確かにそれはその通りであるが、ヒトラーにしろ、なんの理由もなく他国を侵略したわけではないのだ。筆者はヒトラーの戦争が自衛の戦争だったなどというつもりはない。ナチスの侵攻がヨーロッパの平和を壊してしまったことは紛れもない事実である。

しかし、ヒトラーにはヒトラーなりの「侵攻する理由」があったのだ。それを知らなければ、われわれは第二次大戦からなにも学ぶことはできない。

なぜヒトラーのナチス・ドイツが狂ったように他国に侵攻を仕掛けていったのか？　その要因を経済面から探っていきたい。

ドイツの苦悩は第一次世界大戦直後から始まった。

ご存知のように第一次世界大戦でドイツは敗北してしまう。ここからドイツの苦難が始まる。

休戦条約締結とともに無数の機関車、自動車、船舶が連合国に引き渡された。彼らは使用可能なものはなんでも持っていった。連合国側の莫大な占領軍維持費もドイツが支払うことになった。

にもかかわらずドイツに対して敷かれていた経済封鎖は解かれなかった。大戦中、ドイツは食料などの輸入をストップされていたのだ。当然、食糧事情は困窮を極めた。

アドルフ・ヒトラー
(1889～1945)
ドイツの政治家。人種主義、優生学、ファシズムなどに影響された選民思想（ナチズム）に基づき、北方人種が世界を指導するべき主たる人種と主張。有色人種やユダヤ系、スラブ系などとドイツ国民の接触を断ち、迫害する政策を推し進めた独裁者。

ジョン・メイナード・ケインズ（1883〜1946）
イギリスの経済学者、官僚、貴族。20世紀における経済学者の代表的存在。著書『雇用・利子および貨幣の一般理論』に基づいてマクロ経済学を確立させた。

1919年の上半期だけで10億金マルク以上を食料品の輸入のために充てた。それでも足元を見た連合国側は粗悪な食料しか提供しなかった。そして講和条約としてベルサイユ条約が締結される。このベルサイユ条約こそが、第一次大戦後のドイツを絶望に叩き落とし、ナチスが生じた要因でもある。

ベルサイユ条約はドイツにとって過酷なものだった。

ベルサイユ条約231条では、第一次大戦の責任は一方的にドイツにあると規定され、232条ではドイツは連合諸国が受けた損害を賠償しなければならないとされた。

植民地はすべて取り上げられ、人口の10％を失い、領土の13・5％、農耕地の15％、鉄鉱石の鉱床の75％を失った。この結果、ドイツ鉄鋼生産量は戦前の37・5％にまで落ち込んだ。

賠償金はおよそ330億ドル。ドイツの税収の十数年分というめちゃくちゃなものだった。ドイツは何度も何度も旧連合国側に妥当な額の算出を求めた。

「このままでは絶対に払うことは不可能なので、専門家がドイツの国力を計算して支払い可能な額を出してくれ」
イギリスの経済学者ジョン・メイナード・ケインズなども、「もしドイツがこれほどの賠償金を払うということは、桁外れの工業製品輸出をしないと不可能であり、万が一、もしドイツがそれを可能にしたならば、そのときはイギリスの工業製品が壊滅しているだろう」と述べ、賠償金の減額を提言したほどだ。

ベルサイユ条約ではドイツの軍備も大幅に制限された。ドイツが二度と戦争をできないようにするためである。陸軍は予備役なしの10万人までにされた。フランスでは60万人の現役兵と350万人の予備役兵、隣国の新興国ポーランドでさえも26万人の現役兵と320万人の予備役兵を持っていた。それなのにドイツは戦車の保持も許されなかった。当時では戦車が陸軍の重要な兵器であり、フランスでは3500台を保持していた。
空軍を持つことも許されず、第一次大戦で保持していた軍用機はみな連合国に没収された。フランスでは2800機、ポーランドでさえ1000機の軍用機を持っていたのに、である。

金マルク　1873年から1914年にかけてドイツで使用された通貨。第一次世界大戦によるハイパーインフレで貨幣価値が急激に失われたパピエルマルクと区別するための用語。2790マルクで1キログラムの純金と等価という金本位通貨だった。

海軍の艦船はすべて排水量1万トン以下とされ、保有総排水量は10万8000トン以下にされた。Uボートで知られた潜水艦は保持禁止となった。

この頃の世界は、まだまだ帝国主義、植民地主義のなかにあった。軍事力を持たない国は大国に蹂躙《じゅうりん》されてしまう。ドイツは列強が林立するヨーロッパのど真ん中で、ほとんど非武装にされてしまったのだ。ドイツ人の不安感や屈辱感は並大抵のものではなかっただろう。

ドイツ経済を叩き潰そうとした英仏

ドイツが経済危機に陥ったそもそもの原因は、第一次大戦の講和条約「ベルサイユ条約」で過度な賠償を負わされていたからである。

第一次大戦後と第二次大戦までの世界情勢を語る上で、ベルサイユ条約は欠かせない事項である。なぜなら第一次大戦後から第二次大戦までのヨーロッパは、簡単に言えば次のように動くからである。

ベルサイユ条約でドイツが過度な賠償を課せられる

↓

ドイツ経済が破綻する
←ナチス台頭、ヒトラー政権成立
←ヒトラーの領土拡張政策に英仏が反発
←第二次大戦勃発

第一次大戦の講和では、はじめからドイツに過酷な賠償が課せられたわけではない。話し合いの過程で賠償金額が跳ね上がっていったのである。

当初、講和会議で話し合われたドイツの賠償問題の論点は大きく次の二つだった。

まず一つは「連合国の戦争被害の損害賠償」にとどめるのか、「連合国の戦費の補償」まで拡大するのかということである。

「戦争被害の損害賠償」とは、戦争で直接的な被害にあった場合に、それを賠償するというものである。賠償を請求できるのは戦場になった地域、空襲などの攻撃を受けた地域にほぼ限定

ウッドロウ・ウィルソン
(1856～1924)
アメリカの政治家、政治学者。第28代アメリカ大統領。アンドリュー・ジャクソンの次にホワイトハウスで連続２期を務めた２人目の民主党大統領。

される。必然的に賠償額はそれほど多くはない。

しかし「戦費の補償」となると、まったく話は違ってくる。連合国の武器の製造費、購入費、兵士の給料、軍需物資の調達費用など戦争に関係する一切の費用が対象となるのだ。

ドイツとしてはもちろん「戦争被害の損害賠償」にとどめたかった。しかし英仏の反対にあい、結局、「戦費の補償」にまで拡大されてしまった。

そしてベルサイユ条約で話し合われたもう一つは、「ドイツの支払い能力限度にとどめるのか」、それとも「連合国の請求額の全額まで拡大するのか」ということである。

ドイツとしては「支払い能力限度にとどめてほしい」と当然のように連合諸国側に要求した。

しかし連合諸国（とくに英仏）は世論の影響もあり、ドイツに過酷な要求をしていた。戦争で困難な生活を余儀なくされた国民が、その不満のはけ口をドイツに求めたのである。そのため英仏の代表者はドイツに強硬な姿勢を取らざるをえなかったのだ。これはドイツにとって約束を反故にされたも同然だった。

1918年2月、アメリカのウッドロウ・ウィルソン大統領が議会で行った平和条約締結のための基本条件は「無併合、無賠償、無報復」だった。

「領土もそのまま、賠償金も課さない、報復もしない、なので戦争は止めましょう」と提案したのだ。

もちろんドイツが休戦に応じたのは、このウィルソン大統領の平和的な提示があったからこそである。同年の11月に連合国とドイツの間で交わされた正式な休戦条約でも、ドイツが負担するのは「損害の賠償」になっていた。

ところがベルサイユ条約はウィルソン大統領の基本条件をまったく破ったものだった。ドイツとしては当然、何度も旧連合国側に妥当な額の算出を求めた。このままでは絶対に払うことは不可能なので「専門家がドイツの国力を計算して支払い可能な額を出してくれ」と。しかしドイツ側の要求は受け入れられず、巨額の賠償を強いられることになったのである。

国家歳入の3分の1を60年間払い続ける義務

ベルサイユ条約はあまりに過酷だったので後に少し緩和された。

1929年のヤング案では年間支払額が25億マルクから20億マルクに軽減され、アメリカが賠償金の支払いをいったん肩代わりした。その代わり、利子も含めての支払いを59年間継続すること、つまり1988年まで賠償金の支払いをすることになっていた。

1929年当時、ドイツの国の歳入が73億マルク程度なので、歳入の3分の1近くが賠償金に充てられるわけである。

さらに1930年代には世界恐慌の影響でドイツの歳入は56億マルク程度に落ち込んだために、その半分が賠償金に充てられることになった。これが60年も続くのである。実際にドイツは第一次大戦時の賠償金の利子を21世紀になるまで払い続けた。

第一次大戦開戦のとき、ドイツはそもそも戦争を欲してはいなかった。

第一次大戦は、オーストリアの皇太子がセルビア王国のサラエボで暗殺されたことに端を発している。オーストリアがセルビアに宣戦を布告したために、同盟関係に引きずられてドイツも参戦したようなものなのだ。イギリス、フランス、ロシアなども、これといった深刻な対立はないまま張り巡らされた条約のために参戦していった。

もちろんヨーロッパ全体に、お互いを牽制し合う緊張感がみなぎっていて一触即発の空気はあった。「サラエボの悲劇」が導火線になって、それが爆発したという一因もあるだろう。

しかし、少なくとも「ドイツだけが積極的に戦争を仕掛け、侵略行為をした」というのは当たらない。ベルサイユ条約に対してドイツ人がどれほど憤慨し、どれほど絶望的な気持ちになったかは想像に難くない。

ベルサイユ条約がこれほど過酷になったのは、当時の連合諸国側の事情がある。

1917年12月4日、ウィルソン大統領は、「大戦は終結にはいかなる方法であっても復讐があってはならない。その国の無責任なる支配者の犯した重大な不正のゆえに所有を奪われたり、処罰されてはならない」と宣言した。

しかしこの演説はただの空手形だった。

確かに当初は損害を受けた財産に対する賠償のみを請求するはずだった。しかしイギリスやフランスの強い主張で、最終的に「戦費」までを含めることになった。というのも、イギリスやフランスは大戦中、アメリカから莫大な戦費を借り入れ、大量の軍需品を購入していた。戦後、英仏はアメリカに借金の帳消し、もしくは減額を求めたが受け入れられなかったのだ。

ウィルソン大統領は「敗戦国から略奪してはならない」と語ったが、だからといって英仏の負担を減らしてはくれなかった。「それとこれとは話は別」ということなのだ。そのためイギリス、フランスは借金の返済金をどこかから調達しなければならなかった。その矛先がドイツへと向かったのである。

また第一次大戦では連合国側も国力が疲弊し尽くしていた。各国の国民は怒りをぶつけられる相手を求めていたのだ。その矛先は敗戦国に向けられることになった。

しかし、敗戦国の主要国であるオーストリア、オスマン・トルコは解体され、唯一残った大国はドイツだけだった。そのためにドイツ一国が連合国の国民の不満のはけ口になったのである。

1918年の12月に行われたイギリスの総選挙では、国民の歓心を得るために候補者たちはこぞってドイツへの報復賠償を口にした。

「レモンを搾りとるようにドイツから搾りとることを約束しよう。私はレモンの種が音を立てるのが諸君の耳に聞こえるまでドイツから搾り取ってやるのだ」

これは前閣僚のエリック・ゲッデスの演説である。現在だったら国際非難が囂囂《ごうごう》と巻き起こるであろう。しかし当時の社会情勢のなかでは、それほど非難されるものではなかった。帝国主義が渦巻く20世紀初頭、弱いものが叩かれることは不道徳な考え方ではなかったのだ。

ドイツとイギリス、フランスの経済戦争

ベルサイユ条約の賠償金は、その大きさもさることながら、支払い方法もドイツにとっては

過酷なものだった。

毎年の定期払いのほかに、ドイツの輸出製品に26％の輸出税をかけて連合国が受け取るというものだ。これはドイツ製品の国際競争力を大きく損ない、ドイツの経済復興を大きく妨げることになった。

イギリスとフランスはドイツから戦争賠償を得るとともに、工業国としてのドイツを叩くことも画策していた。第一次大戦前に工業国として勃興してきたドイツは、イギリスやフランスにとって国際貿易においての強力なライバルになっていた。だからこの際、ドイツの国際競争力を落としてしまおうと考えたのである。

ドイツは西ヨーロッパのなかでは遅れてきた列強という存在だった。19世紀後半までのドイツは各州に分かれていたので国家的な規模での発展は遅れていた。ドイツの諸国の一つプロイセンが普仏《ふふつ》戦争でフランスを破り、ドイツの中心的地位を確立。1871年にドイツはようやく統一されたのだ。

日本の明治維新が1868年なので、ドイツと日本はほぼ同じころに国際デビューしている

エリック・ゲッデス（1875〜1937）　イギリスの政治家、ビジネスマン。海軍大臣や運輸大臣を歴任。財出削減に辣腕をふるい「ゲッデスの斧」と呼ばれた。

ことになる。
そして１８８８年に即位したヴィルヘルム２世が帝国主義を積極的に推進し、ドイツはアメリカとともに世界の工業生産をリードしていくことになる。

ヴィルヘルム２世
（1859〜1941）
ドイツの皇帝。第三代ドイツ帝国皇帝に即位したのは29歳。第一次大戦中のドイツ革命勃発により、退位し、オランダに亡命した。

１８７０年の時点で、世界の工業生産のシェアはイギリス32%に対しドイツ13%だった。しかし１９１０年には、イギリス15%に対してドイツは16%と逆転している。フランスにいたっては6%に過ぎない。ドイツは第一次大戦前から、ヨーロッパ大陸で最大の工業国になっていたのだ。

１９１３年、ドレスナー銀行の40周年の記念パンフレットには、ドイツが農耕社会から世界有数の工業国になったこと、人口は倍増し、労働者は高給をもらっていること、以前は洪水のように移民が海外に流出していたが今はそれもほとんどないこと、国の借金が少ないこと、などが書き連ねてある。

しかしドイツのこの成功は他の西洋諸国の妬みを買っていた。それが第一次大戦の要因の一つとも言える。だからベルサイユ条約でイギリスとフランスは「この際、ドイツの国際競争力を落としてしまおう」と考えたのである。

ケインズはドイツを擁護した

1919年末、イギリスの経済学者ケインズは「平和の経済的帰結」という書籍を出版した。

この本の要旨は次のようなものだった。

「講和条約でのドイツの賠償金は実行不可能な額であり、これはいずれヨーロッパ経済を破綻させることになるだろう。現在のドイツ人は一生、この賠償金のために苦しい生活を余儀なくされるはずであり、それはヨーロッパの将来に必ずよくない結果をもたらす」

まさにその後のヨーロッパ、世界情勢を的確に言い当てたものだといえるだろう。

またケインズは「平和の経済的帰結」のなかで、ドイツが近いうちに深刻なインフレに陥ることも警告している。

「ドイツに多額の賠償金を課せばドイツの通貨価値は必然的に急落し、激しいインフレ状態になるだろう」

ドイツにハイパーインフレが起きるのは、この5年後のことである。

ケインズに関しては、不況対策の「ケインズ理論」ばかりが取りざたされるが、彼が国際経済情勢を的確に分析していた類まれなる経済アナリストだったことは、もっと知られていいはずだ。彼の理論は後年の経済学者たちのような机上の空論ではなく、鋭い現実感覚のなかから導き出されたものである。

この「平和の経済的帰結」はイギリス国内で大きな反響を呼んだ。ただケインズを評価するばかりではなく反対者も多く、賛否両論を巻き起こした本だった。しかし、この反響によりケインズは政治的な発言を強めることになった。20世紀最大の経済学者ケインズの名を最初に世に広めたのは「ドイツ擁護論」だったのである。

ルール占領による大打撃

1923年1月、ヨーロッパ最大の炭鉱であり、ドイツ最大の工業地域ルールがフランス軍によって占領された。この事件はヒトラー政権誕生の伏線ともなる重大なものだった。

前年、ドイツにはベルサイユ条約破棄を掲げるクーノ政権が誕生していた。一方、フランスでも、対ドイツ強硬路線を取るレイモン・ポアンカレが首相を務めていた。

第一次大戦でアルザス・ロレーヌ地方を獲得していたフランスは、その豊富な鉄鉱を生かすべく大量の石炭を求めていた。そのためルール炭鉱を持つドイツに、賠償金の代わりに石炭を納めさせたのだ。しかし、ドイツは経済が破綻状態であり、クーノ政権が誕生したこともあり、石炭の納入がストップしていた。

それに怒ったフランスのポアンカレ首相は、ベルギーを誘ってルール地方占領の挙に出たのだ。ベルサイユ条約で事実上、兵力を取り上げられていたドイツは抵抗のしようがない。「フランス軍にされるがまま」の状態になってしまった。

フランス軍はルール地方を支配下に置くと、工業地帯を占領するだけでなく、さまざまなかたちで略奪を行った。たとえば、一方的にゲルゼンキルヘン市に1億マルクの罰金を課し、それは市民の財産を没収するというかたちで徴収された。要するに市民から略奪をしたのである。また帝国銀行が所有していた128億マルクの金はフランス軍によって略奪され、ミュルハイム国立銀行支店に保管されていた60億マルクの未完成の紙幣もフランス警察により奪われ、これを完成紙幣にして流通されてしまった。

このことが、その直後にドイツを襲うハイパーインフレの要因の一つとなった。ルール住民

クーノ政権　1922年、ドイツに「ベルサイユ条約破棄」を掲げてヴィルヘルム・カール・ヨーゼフ・クーノ（1876〜1933）が首相を務める政権が発足。フランスへの賠償が滞るとフランスはルール地方を占領。

アルザス・ロレーヌ地方　フランス東部のドイツ国境に近い地域。鉄鉱石と石炭を産出するため、しばしばドイツとの間で係争地となった。第二次大戦以降はフランス領。中心都市ストラスブールには、欧州の主要な国際機関が多く設置されている。

レイモン・ポアンカレ（1860～1934）
フランスの政治家、弁護士。1913年から1920年まで大統領を務めた。対独強硬派としてドイツ賠償委員会委員長に就任。ドイツに対して戦争責任の一切を負わせる厳罰主義に徹した。

とフランス軍の衝突はときどきあり、住民側に多くの犠牲者も出た。こうして並べてみると、フランス軍はやりたい放題という感じである。

　国際世論も、このフランス、ベルギー両軍によるルール占領はあんまりだという方向に傾き、イギリスからも抗議の声が挙がった。

　またドイツ側は武力による抵抗の代わりに、サボタージュによる抵抗を呼びかけた。石炭の採掘はストップし、最新の設備を誇る工場もまったく稼働していなかった。その結果、フランス軍は占領費ばかりがかさみ、ほとんど何も得るものがなかった。ドイツ人の多くはこのときに再軍備の必要性を感じたはずである。

　またフランスはこのときの失敗に懲りて、ドイツに対して強硬な姿勢を取らなくなった。それがナチスの領土拡張政策を助長させた一因ともされている。

ハイパーインフレで瀕死のドイツ

　ベルサイユ条約のためドイツ経済は崩壊に陥った。

マルク紙幣を重さで計って商品を購入する。©Topham Piturepoint/amanaimages

戦争で産業が疲弊したなかで莫大な賠償金を課せられたドイツ政府は、企業に対して特別税、相続税、ぜいたく品への課税などありとあらゆる課税をしたが追いつかなかった。仕方なく紙幣を増刷することで、その難を逃れようとした。しかも、そういうときにフランスがルールを占領する事態が起きた。そのため、ドイツの通貨の価値は暴落し、天文学的なインフレーションが生じたのだ。

歴史の教科書にたびたび登場するので、ご記憶の方も多いだろう。たった一斤のパンを買うために一輪車いっぱいにマルク紙幣を積んでいかなければならなかった。ビアホールでビールを注文し、飲み終わったときにはすでに価格が上がっていた、などという話の数々である。

このインフレのさなかに大儲けしたものもいた。

マルクは外貨に対して価値を下げていくので、有力な外貨、ドルやポンドを持っていればドイツの資産をただのような値段で買い取ることができる。そのなかには国際的なネットワークを持つユダヤ実業家も含まれていた。それがのちのユダヤ人迫害の一つの要因となった。

このハイパーインフレは「1兆マルクを1レンテンマルクにする」という通貨改革で奇跡的に収束する。しかしこの事件はドイツに深い傷を残すことになる。

ナチスが生まれた背景

当時のドイツ・ワイマール共和国では政党が乱立して政治が安定せず、まともな政策がほとんど実行されなかった。また混乱するドイツのなかでバイエルンなどが独立しようとする動きもあった。

ドイツは19世紀にようやく統一されたが、その前までは各地域が割拠していた。ドイツの統一はドイツ人にとっての悲願でもあった。

しかしそれが第一次大戦の敗北によって、また割拠時代に戻ろうとする動きも出てきたのだ。この動きは近隣諸国、とくにフランスにとっては好都合だった。ドイツが分割されれば弱体化するからだ。フランスはバイエルンなどのドイツの分離主義者たちに資金援助までしていた。

この混乱のなかでドイツの政治には二つの極端な潮流が生まれる。右翼と左翼である。カール・マルクスを生んだドイツは共産主義の本家本元でもある。当然、左翼の活動は激しさを増し、ストライキや暴動が頻発していた。その反動として「強いドイツを取り戻せ」的な右翼の活動も活発化してきた。両者は鋭く対立し、しばしば暴力行為に及び、街の治安はますます悪化した。この二つの流れがその後のドイツの命運を左右することになるのだ。そして右翼側の勢力の一端に生まれたのがナチスなのである。

ヒトラーはなぜナチスに入ったか?

ナチスの党首として知られたヒトラーは、じつはナチスの創設者ではない。

ここで、なぜヒトラーがナチスに入るにいたったのかを簡単に説明しておきたい。

ヒトラーは1889年オーストリアで税関吏の子として生まれる。少年時代は決して優秀ではなかった。落第を二回もした劣等生である。16歳のとき、父親の死をきっかけに実業学校を退学し、画家になるためにウィーンに出る。美術大学を二回受験するが、二回ともに失敗する。

ワイマール共和国　1919年に発足して1933年に事実上崩壊したドイツの政治体制。このヴァイマル憲法は大統領の権限の強い共和制、州（ラント）による連邦制、基本的人権の尊重が定められ、法制史における人権概念の萌芽とされている。

ウィーンでは不遇の時代を過ごし、浮浪者に近い状態のときもあったという。ただ当時のオーストリアやドイツの青年たちにとって、これは特別な状況ではなかった。ヒトラーは画家志望の普通の青年だったのである。

1914年に勃発した第一次大戦ではオーストリア国籍のままドイツ帝国の志願兵になる。オーストリアからも召集令状が来ていたが彼はそれを蹴っている。ドイツに対する強い憧れがあったのだ。優秀な伝令兵だったヒトラーは1918年には一級鉄十字章を授与される。志願兵がこの章を授与されるのは稀だった。

毒ガスによって負傷したヒトラーは野戦病院で終戦を迎えた。その後、ヒトラーはなにをしていたのか――さえない日々を送っていたのである。軍でのかつての上司がヒトラーの様子を心配してある職務に就かせた。軍の情報員として激増した政党や反動分子の調査をする仕事である。

この頃のドイツは自由で民主的なワイマール共和制の下、雨後のたけのこのように新しい政

カール・マルクス
(1818〜1883)
ドイツ出身でイギリスを中心に活動した哲学者、思想家、経済学者、革命家。彼の思想はマルクス主義と呼ばれ、主著『資本論』に依拠した経済学体系はマルクス経済学と呼ばれる。

党が誕生していた。また過激な右翼や共産主義者が治安を乱すことも多かったのだ。

そこで軍は情報員、つまりスパイを派遣して彼らの内情を探らせていた。その仕事がヒトラーに与えられたのだ。

ヒトラーは「ドイツ労働者党」に潜り込み、情報を収集することになった。しかし、「ドイツ労働者党」の集会に参加するうちに、この党に感銘を受け入党してしまう。ミイラ取りがミイラになったのだ。この「ドイツ労働者党」がナチスの元となる組織である。

この当時「ドイツ労働者党」は50人程度の小党だった。ヒトラーは、その弁舌で次第に党の中心的人物になっていき、1920年には軍を辞めて党務に専念し、その翌年には党首となる。

1923年、ナチスはミュンヘンで政権の奪取をもくろみクーデターを起こした。これが「ミュンヘン一揆」と呼ばれるクーデターである。

ミュンヘン一揆は警察や軍などの協力がえられず失敗に終わる。ヒトラーは逮捕され、ナチスは非合法とされる。ヒトラーは禁錮5年の判決を受けてランツベルク刑務所に収容され、この期間に口述筆記で『我が闘争』を執筆する。この『我が闘争』は大ベストセラーとなり、ヒ

一級鉄十字章　プロイセンおよびドイツが4度の戦争（ナポレオン戦争、普仏戦争、第一次大戦、第二次大戦）で制定した軍事功労賞。ちなみに第一次大戦では16万人、第2次大戦では約30万人が受勲している。

トラーの名を一躍有名にした。それとともにナチスも大躍進をし始めるのである。

世界大恐慌はドイツから始まった

第二次世界大戦の要因を探るとき、1920年代の末に始まった世界恐慌の影響は見逃せない。

この世界恐慌が各国の貿易の縮小、ブロック経済化を招き、それが戦争の重大なきっかけになったのは間違いないところである。この世界恐慌は、1929年のアメリカの株式市場の暴落が端を発したということになっている。

しかし、じつはその前兆とも言える出来事がドイツで起こっているのである。まずドイツが経済危機に陥り、その直後に世界大恐慌が起きているのだ。

ドイツは1920年代半ばには束の間の経済的安定を謳歌《おうか》していた。

1923年に起きたハイパーインフレは銀行融資をストップさせ通貨を切り上げる「レンテンマルクの奇跡」で収束され、経済も少しずつ復旧した。1924年以降、アメリカをはじめ外国からの投資が大量に流れ込んできて、ドイツ経済の生命線である輸出は順調に回復していった。薬品、フィルム、自動車、化学繊維など各産業が大きく発展をした。しかしこのドイツの繁栄は非常に不安定な基盤の上に成り立っていた。

ベルサイユ条約の賠償金という負債を抱えている身であり、アメリカからの投資がなくなれば、たちまち行き詰まる状態だったのだ。そして、もっとも恐れていたことが現実に起こったのである。1929年の春のことである。

ベルサイユ条約の賠償金の支払いのことでドイツは戦勝国との話し合いを行っていた。この会議でドイツ経済の崩壊をもたらす可能性のある事項が決定された。

その事項のためにドイツは経済的な信用を一気に失い、ドイツに投資していた国々は次々に資本を引き揚げた。

つまりアメリカの株式市場が暴落する前に、ドイツが国家単位で暴落していたのである。当時の世界情勢ではドイツが暴落すると、今の国際経済関係以上に英米仏は非常に大きな影響を受けることになっていた。

ミュンヘン一揆　1923年11月8日から9日にミュンヘンでヒトラーらナチス党員が起こしたクーデター未遂事件。クーデターは失敗してヒトラーは逮捕された。ヒトラーは言論・演説・選挙といった民主的手段による政権奪取に軸足を移す。
我が闘争　ヒトラーの著作。第1巻は1925年、第2巻は1926年に出版された。第1巻の前半部分ナチ党の結成にいたるまでの経緯を記述。第2巻の後半部分では自らの政治手法、群衆心理についての考察とプロパガンダのノウハウも記されている。
レンテンマルクの奇跡　第一次大戦後のドイツで超インフレ収拾のために発行された緊急安定通貨がレンテンマルク。1レンテンマルク=1兆紙幣マルクの交換率が成立。これによりインフレは奇跡的に収束した。

したがって世界大恐慌は、実際にはドイツ発とも言えるのだ。世界大恐慌が語られるとき、このことはあまり言及されることはない。それは欧米諸国にとってドイツの経済危機は自らの恥部でもあるからだ。そしてこのドイツの経済破綻がヒトラーに政権を取らせた直接の要因でもある。

ドイツ賠償金の「ドーズ案」とは

アメリカ株式市場暴落につながったドイツの経済破綻について、もう少し詳しく言及したい。前述したように１９２９年に「ドイツの経済破綻」を決定づける事件があった。その経緯をご説明しよう。

ドイツに対する賠償が過酷すぎたことは、１９２３年に起きたドイツのハイパーインフレを見ても明らかだった。

「ドイツ経済が崩壊してしまえば賠償金もとれなくなる」

それを現実的に感じた連合諸国は賠償金の額、支払い方法などをもう一度、練り直すことにした。１９２３年12月からアメリカの金融家チャールズ・ゲーツ・ドーズを委員長としてドイツの賠償問題が検討され、１９２４年４月に新提案が発表された。

これはドーズ案と呼ばれるもので、賠償金の支払い額を減額したうえに、ドーズ公債という債券を発行し、アメリカから借款して、それを賠償に充てることが新たに決められた。アメリカはドイツに投資をし、ドイツはその金で連合国に賠償金を払う。連合国はその金でアメリカに戦債の元利支払いをするという資金循環の流れがつくられた。

ドイツはドーズ案後、70億マルクもの外国資本を受け入れ、そのうち50億マルクがアメリカからのものだった。この50億マルクは連合国を経由してアメリカに還流したのである。ドーズ案には、さらにドイツに配慮した画期的な点があった。それは賠償金をマルクで支払うことができるようにした点である。

チャールズ・ゲーツ・ドーズ（1865〜1951）

アメリカの政治家。第30代アメリカ合衆国副大統領。連合軍再建委員会の委員に任命されドイツの経済を回復し安定させる計画（ドーズ案）の研究で1925年にノーベル平和賞を受賞した。

これは「トランスファー保護規定」と呼ばれるもので、これまで賠償金はマルクではなく相手国の通貨で払うことが義務付けられていた。そのためにはドイツ政府は常に大量の外貨を保有しておかなければならない。

経済が復興していないドイツにとっては大きな負担になっていた。それがドイツのハイパーインフレ

の要因の一つにもなっていたのだ。しかしドーズ案によって、ドイツはこの負担から解放され、「決められた賠償金を自国のマルクで準備すればそれでＯＫ」という結果になったのだ。

もちろんマルクの価値が下落すれば、連合国側としては大きな損害を被る。しかしマルクの価値が下落しないように調整するのは連合国側の義務だとされたのである。

「トランスファー保護規定」はドイツの賠償金支払いの負担を軽くするだけではなく、ドイツ経済の流れに大きな僥倖《ぎょうこう》をもたらした。ドイツのマルクが下落しないように連合国が責任を持たなければならないので、今後ドイツのマルクが下落する可能性は低い。そのためドイツ経済への安心感が生まれ、アメリカをはじめとする欧米の資本がドイツに集まってきたのだ。

ドイツは第一次大戦前までアメリカに次ぐ第二の工業国だった。しかもフランスなどと違い、第一次大戦では国内での被害はほとんどなく、工場設備はそのまま残されていた。だからドイツは条件さえ整えば、大きな発展の可能性を持った国だったのである。

このドーズ案以降、ドイツは急速に復興し、繁栄を謳歌することになる。ドーズ案の「トランスファー保護規定」が破り捨てられたとき、ドイツ経済は破綻し、世界恐慌へとつながっていくのである。

新しい賠償方法がドイツ経済の崩壊をもたらす

前項で紹介したドーズ案では、賠償の総額や支払い続ける期間は定めていなかった。それを決めるための会議が1929年に開かれた。

アメリカの実業家オーウェン・ヤングを議長として開かれたこの会議では、新しい賠償方法として「ヤング案」が決定された。ヤング案では賠償金の額が大幅に減額（当初の額の3分の1になった）されたが、「トランスファー保護規定」が廃止された。つまりドイツは賠償金をマルクで払うのではなく、相手国の外貨で払わなければならないことになったのだ。ドイツは外貨を買わなければならなくなり、それはマルクの価値をまた下げる懸念を生じさせた。

連合諸国はマルクで支払いを受けるわけではないので、マルクの価値を下げない努力はしなくていい。マルクの価値を維持する努力はドイツ側がすべて負うことになったからだ。経済がまだ脆弱なドイツにそれを求めるのは酷だった。

イギリスの経済学者ケインズも、ヤング案の「トランスファー保護規定」の廃止には強く反対した。ケインズはこんな予言をしている。

「ヤング案はたとえ短期間であれ、実行可能ということにはならないでしょう。1930年に

オーウェン・ヤング
(1874～1962)
アメリカの実業家。ドーズ案でも賠償支払いが不可能なのがわかったので、ヤングを中心に専門委員会が組織された。総額358億マルクの支払年限59年のうち37年の間は年額20.5億マルクを支払い、その後はさらに減少させる案だった。

はなんらかの危機が訪れても決して不思議ではないと思います」

不幸なことにケインズの予言は的中してしまった。しかも１９３０年を待つまでもなく、その年（１９２９年）のうちに世界的な規模での大混乱が生じたのである。

危機はまずドイツから始まった。ヤング案に対して、なにより市場がすぐに反応した。ヤング案の骨子が見えてきたとき、ドイツから外資が次々と引き揚げられていったのだ。

「マルクの安定が保証されなくなったのでドイツに投資をすることは危険だ」

と投資家から判断されたのである。

せっかく復興しかけたドイツ経済は、また破綻に追い込まれるのである。ドイツ経済の破綻は、単にドイツ一国だけの問題ではない。ドイツはヨーロッパの大国であり、金融、貿易など良しにつけ悪しきにつけ、その影響力は大きい。

ヤング案のためにドイツに投資されていた外資のかなりの金額がアメリカに流れたことは間

違いない。過熱していたアメリカの株式市場をヤング案がさらに過熱させたわけである。

ドイツ経済の破綻がアメリカの株式市場暴落をもたらす

「ドイツ経済が破綻するかも知れない」

その情報はアメリカ経済にとっても非常に悪影響のある情報である。先ほども述べたように、当時アメリカはドイツに投資をし、ドイツはそれで英仏に賠償金を払い、英仏はその賠償金でアメリカに戦債の支払いをする循環があった。ドイツが破綻すると、この循環が途切れることになる。英仏は賠償金を取れなくなるし、アメリカは巨額の戦債が不良債権化してしまう。

ドイツが経済破綻した場合、もっとも影響を受けるのは、じつはアメリカだったのである。英仏はドイツから賠償金を取れなくなるが、それを理由にアメリカへの戦債の支払いを止めてしまえば差し引きはそれほど大きくない。戦債が払われなくなればアメリカだけが丸損をするのである。

当時アメリカが持っていた連合諸国の戦債は約70億ドルだった。これは当時のアメリカのGNP（当時の経済指標ではGDPではなくGNPが使われている）の約7％である。これが全部、不良債権となったならアメリカの経済に重大な影響を及ぼすはずである。

これを今の日本に置き換えて考えてみてほしい。もしＧＤＰの７％にものぼる他国の国債が焦げついたら日本経済はどうなるか？

ＧＤＰの７％というと40兆円前後である。これは国家の歳入の６～７割と同じくらいの金額である。つまり日本の国家収入の６～７割が消えてしまうのである。日本経済に与える影響は計り知れないだろう。

たとえばリーマンショックの引き金となり、史上最大の倒産とされたリーマン・ブラザーズの負債総額がアメリカＧＤＰの約５％なのである。ドイツがもし経済破綻してしまえば、それを超える不良債権をアメリカにもたらすことになるのだ。

ヤング案の発表はドイツ経済の破綻を予感させるものだった。このことに市場が反応しないはずはないのである。ヤング案の骨子が概ねつくられ、発表されたのは１９２９年6月のことである（正式に成立するのは１９３０年1月）。

そして4か月後にアメリカの株式市場が大暴落し、世界は大恐慌に突入するのである。時系列から見ても、ヤング案とアメリカの株式市場大暴落に因果関係がないはずはないのだ。

ヤング案が発表されたときに、ただちにアメリカの戦債が反故にされたわけではないが、懸念が投資家や経済人の間で起こっていないはずはない。

「戦債はヤバいのではないか」

「戦債は不良債権化するのではないか」

そういうことがあちこちで噂されていたはずである。その懸念はアメリカ経済への不安となって株式市場に反映するのは無理からぬ話だろう。実際にヤング案を契機に、ドイツの賠償金の支払いはほぼ停止し、英仏の戦債も事実上、焦げ付いてしまったのだ。

世界大恐慌が語られるとき、この事項についてはほとんど言及されることがない。と言うよりもアメリカの株式市場大暴落の本当の原因は今も不明だとされている。

しかしドイツ経済の破綻、もしくは破綻するかも知れないという予感は、この時期のアメリカ経済に重大な影響を与えていることは間違いない。

結局、経済とは自分だけが潤うことはできないのである。相手を叩きのめしてしまえば、自分がいくら金をため込んでも取引する相手がいなくなる。そうなれば自分も富を失っていくのだ。つまり経済というのは相手も健全であるときに、はじめて自分が潤うことができるのだ。

世界大恐慌は、そのことを如実に表している現象なのである。

リーマン・ブラザーズ　アメリカ・ニューヨークに本社のあった大手投資銀行グループ。1850年に設立され、2008年9月15日に倒産。最終的な負債総額は約64兆円という史上最大の倒産となり、世界に金融危機を招いた。

1929年10月には、アメリカの株の大暴落により世界は大恐慌に陥った。この大恐慌でアメリカからドイツへの投資は一斉に引き上げられた。

1930年から31年にかけて、外国金融業者はドイツへの新規貸付を一切止めて、短期債務の返済を要求した。いわば国家間の貸しはがしである。そのためドイツの金保有高、外貨はほとんど消滅してしまった。当然、ドイツ経済は大混乱に陥った。

1931年7月にはドイツ第2位のダナート銀行が破綻し、ドレスデン銀行など経営危機に陥る銀行が続出、多くの企業が倒産した。この「ドイツ金融恐慌」はヨーロッパ中に波及し、世界恐慌に拍車をかけた。この年の9月にはイギリスからの大量の金流出が起こり、イギリスは金本位制から離脱した。

世界経済の大混乱のなか、ドイツは深刻な不況に陥り、650万人もの失業者を出した。そのなかで急成長してきたのが、ヒトラー率いるドイツ国家社会主義労働者党「ナチス」なのである。

金本位制　一国の貨幣価値（交換価値）を金に裏付けられたかたちで表し、商品の価格も金の価値を標準として表示される。その国の通貨は一定量の金の重さで表すことができ、これを法定金平価という。

第2章

ナチスが台頭した経済的要因

ナチスは合法的に台頭した

前章までで述べたように、1929年、ドイツでは経済破綻が決定づけられる事態が発生し、その直後にアメリカで株式市場の暴落が起きた。世界大恐慌が始まったのである。世界大恐慌では、ドイツはさらに苦境にあえぐことになる。当時のドイツ政府は有効な政策を講じることはできなかったのだ。

1930年に就任したワイマール最後の首相ハインリヒ・ブリューニングは、ただちに財政

ハインリヒ・ブリューニング (1885~1970)
ドイツの政治家。ヴァイマル共和国時代末期の1930年から32年にかけて首相を務めた。緊縮財政とデフレーション政策を進め、新税導入と同時に国家支出を減らしドイツの輸出力を高めようと試みたが効果はなかった。

支出削減、増税を行おうとした。政府の財政赤字が深刻化していたため、それをまず第一の問題としたのである。ブリューニング政権は6月には失業保険の支給打ち切り、公務員給料の引き下げ、増税を検討した。不況のときに財政を緊縮させれば、もっと不況になる。ドイツの経済はさらに悪化し、失業者が６５０万人にも上った。

ブリューニング政権のこの緊縮財政政策は単に赤字財政対策だけではなく、連合国へのアピールでもあった。

「ドイツは失業者に払う金もないから賠償金を負けてくれ」

ということである。ベルサイユ条約の呪縛がここでもドイツを苦しめていたのだ。しかし、この政策はドイツ国民の猛反発を食ってしまう。代わって登場してきたのがヒトラーである。

ヒトラー率いるナチスは再軍備、ベルサイユ条約の破棄など強硬な政治目標を掲げていた。結党当初はその過激さから財界や保守派から敬遠されたが、ドイツ経済悪化とともに中産階級以下から圧倒的な支持を集めるようになる。やがて財界や保守派も、共産党の台頭を防ぐ意味でヒトラーを支持するようになり、1933年、ついに彼は政権の座に就いたのだ。

ヒトラー以前にも軍国主義政権は誕生していた

ヒトラー、ナチスは「ベルサイユ条約の破棄」「再軍備」などの対外強硬、軍国主義路線を掲げて登場してきた。それがヒトラーやナチスの特徴だと思われている。しかし、「ベルサイユ条約の破棄」や再軍備という発想はナチスのオリジナルというわけではない。当時のドイツの知識人の間では、広く浸透していた考え方なのである。

実際、ヒトラーが政権を取る前からドイツはひそかに再軍備を進めていた。たとえばベルサイユ条約が締結された3年後の1922年にドイツはソ連と極秘の協定を結んでいる。これは北イタリアのラパッロで行われた独ソ間の経済、軍事協定で「ラパッロ協定」と呼ばれている。この協定によりドイツ陸軍はタタール共和国のカザン市で戦車の運用試験を行い、モスクワ南東のリペツク航空基地で戦術研究や航空機の実験を行うことができるようになった。もちろん、実験の成果はソ連にも提供されるようになっていた。

またベルサイユ条約では陸軍は10万人と制限されていたが、ドイツでは10万人に下士官以上の教育を行った。下士官は10人、20人の兵士を統率する。末端の兵士は1~2年で育成することができるので、下士官を10万人持っていれば１００万、２００万の軍隊をいつでも持つことができるのである。

さらに軍需産業を衰退させないようにトラクターの製造を行わせたり飛行機の代わりにグライダーをつくるなどして、ドイツの産業界がいつでも兵器製造ができるようにしていた。このようにナチスが再軍備を宣言する前に、ドイツはしっかり軍備をしていたのである。

またナチス以前にもドイツで軍国主義路線の政府は誕生していたのだ。それが１９２２年11月、財界などの支持を得て発足したクーノ政権である。このクーノ政権はナチスの予告編のような存在だった。反ワイマール主義、軍国主義路線を掲げ、ベルサイユ条約の賠償金支払いを拒否するなど英仏などと対決姿勢をとった。また発足当時、連立政権（国民、民主、中央、バイエルンなど）だったが、この点もナチスとよく似ている。

このクーノ政権成立2か月後（１９２３年1月）に、フランス、ベルギーにより賠償金支払い拒否を理由にドイツのルール地帯を占領されてしまう。フランスがクーノ政権に圧力をかけたのである。軍事力がないに等しかった当時のドイツはほとんど抵抗できなかった。この年の8月、フランスの思惑通りクーノ政権は崩壊している。

ドイツ国民はヒトラーを選んだ

誤解されがちであるが、ヒトラーは武力革命で政権をとったのではない。ナチスはミュンヘン一揆など武力闘争をしたこともある。しかしヒトラー政権の誕生は選挙と法律による手続きによるものなのである。

ヒトラーの執筆した『我が闘争』が大ベストセラーになり、順調に党勢の拡大をしていたナチスは、1930年の選挙では国会で第二党になった。その勢いを駆って1932年3月13日に行われたドイツの大統領選挙ではヒトラーが出馬する。

第一次大戦の英雄パウル・フォン・ヒンデンブルクの圧勝かと思われたこの選挙だったが、ふたを開けてみるとヒトラー、ナチスの異常な躍進を示す結果となった。

ヒンデンブルク1865万票に対して、ヒトラーは1134万票も獲得し堂々の2位となったのだ。しかもヒンデンブルクは過半数を得られず、3週間後に決選投票が行われた。ここで

タタール共和国　ソ連時代の自治共和国で、現在のロシア連邦のひとつであるタタールスタン共和国。地域管轄区分のひとつ沿ヴォルガ連邦管区の中央に位置する。1992年には主権宣言を行った。
バイエルン　スイス、チェコおよびオーストリアとの国境に位置するドイツ最大の州。10世紀に神聖ローマ帝国によってバイエルン大公国が設けられて以後、南ドイツの主要な領邦、選帝侯として影響力を持ち、現在もドイツ連邦共和国の連邦州として存続。

パウル・フォン・ヒンデンブルク
(1847〜1934)
ドイツの軍人、政治家。第一次大戦でドイツ軍を指揮してロシア軍に大勝利しドイツの国民的英雄となった。戦後、共和制となったドイツで大統領に当選。ヒトラーを首相に任命し、ナチ党政権樹立への道を開いた。

もヒトラーは1342万票を獲得し、国民の多くがナチスを支持していることが判明したのである。

1932年当時、ナチスの党員は80万人程度しかいなかった。しかし、大統領選挙では1350万票を集めたのである。ナチス党員だけがヒトラーの支持に回ったということではない。つまりは、ナチスは国民から待望された政党だったのだ。その年の7月に行われた総選挙では、ナチスの議席は倍増し230議席を獲得。ついに第一党となった。

ときの首相フォン・パーペンは一時的な現象だと見て、この悪夢を拭いさるために、秋にまた国会を解散した。しかし、その結果はフォン・パーペンの期待を裏切るものだった。ナチスは34議席を減らしたものの第一党として健在。そして共産党が議席を11も伸ばした。

フォン・パーペン首相は、国会を維持できなくなり、首相の椅子を放り投げてしまった。当時のドイツの法律では大統領が首相を任命することになっていたので、ヒンデンブルク大統領は決断を迫られた。ナチスの勢いを無視することはできない。もしこのまま放置していれば、国民はさらなる変革を求め、共産党にシフトしていくかもしれない。

「共産党よりもナチスのほうがまだまし」――ついに、そういう結論に達した。1933年1月、ヒンデンブルク大統領はヒトラーに首相を命じた。

なぜナチスが、ドイツ国民に支持されたのか？

当時のドイツ・ワイマール共和国では政党が乱立して政治が安定せず、まともな政策がほとんど実行されなかった。混乱するドイツのなかでバイエルンなどが独立しようとする動きもあった。

そのために強いリーダーシップを持った独裁的な政党、政治家が求められていたのだ。そこに登場したのがナチスでありヒトラーだったのである。

フランツ・フォン・パーペン（1879〜1969）
ドイツの軍人、政治家、外交官。1932年にヒンデンブルク大統領の内閣首相を務めたが半年ほどで瓦解。その後、ヒトラーと接近し、ナチ党の権力掌握に大きな役割を果たした。1933年のヒトラー内閣成立でヒトラーに次ぐ副首相の座に就いた。

ベルサイユ条約の破棄を掲げ、ドイツの結束を目指す「国家主義」、共産主義革命を認めない「反共産主義」を党是にしていたナチスは、ドイツ国民が待望していた政党だったのだ。ナチスは1922年の結党以来、急速に勢力を拡大し、わずか10年で政権を獲得した。

ナチスが政権をとったときヒトラーはこう言っ

た。
「自分が出なくても、必ずだれかが出てきただろう」

ヒトラーは雇用対策で国民の心をつかんだ

ヒトラーは600万人の失業者を抱える大不況のさなか、1933年1月に政権の座についた。その3年後、失業者を100万人程度にまで減少させ、世界恐慌以前の1928年の状態にまでドイツ経済を回復させた。1936年の実質国民総生産はナチス政権以前の最高だった1928年を15％も上回っている。

これは世界恐慌で大きな被害を受けた国のなかでは日本とともにもっとも早い回復だった。アメリカが世界恐慌のダメージから完全に立ち直れたのは1941年のことである。たとえば世界恐慌から10年後の1938年の各国の失業者数は次のようになっている。

【1938年の失業者数】
イギリス135万人（最大時300万人）
アメリカ783万人（最大時1200万人）

ドイツ29万人（最大時600万人）
日本27万人（最大時300万人）

また世界恐慌以来、世界の列強たちは貿易を閉ざし、自国と自国が支配する植民地のみで交易をする「ブロック経済化」が進んだ。アメリカのドル・ブロック、イギリスのスターリング・ブロック、日本も満州に進出し、円ブロックを形成しようとしていた。

しかし当時のドイツは植民地を持っていなかったし、まだ領土侵攻もしていない。ヒトラーは国内政策だけで素早く景気を回復させたのだ。オーストリア併合などの侵攻は景気回復後、軍備を整えてからである。その経済手腕はかなりのものだと言わざるをえない。

ヒトラーは別に難しい経済理論を知っていたわけではない。「社会を安定させ、活気づかせるためにはどうしたらいいか」ということを自分の経験と知識から導き出したのである。

ヒトラーは政権を取った2日後の1933年2月1日、新しい経済計画（第一次4か年計画）を発表する。

この「第一次4か年計画」は、

・公共事業によって失業問題を解消
・価格統制をしてインフレを抑制し疲弊した農民、中小の手工業者を救済
・ユダヤ人や戦争利得者の利益を国民に分配する
・ドイツの経済界を再編成する

というのが主な内容だった。そして彼は国民にこう語りかけた。

「今から4年待ってほしい。4年で失業問題を解決しドイツ経済を立て直す」

この第一次4か年計画の内容をひと言でいえば、「底辺の人の生活を安定させる」ということである。これはナチスにとって結成当初からの一貫したテーマである。インフレにしろ、恐慌にしろ、経済危機が起きたとき、もっとも被害に合うのは底辺にいる人たちである。そういう人たちが増えることでまた治安は悪化し、社会は不安定になる。その悪循環を断ち切るには彼らをまず救ってやることだとヒトラーやナチスは考えたのである。そのためにナチスは失業者や借金にあえぐ農民を思い切った方法で救済した。

「われわれが義務としてもっとも心配しなければならぬことは国民大衆に仕事をもたせて失業の淵へ再び沈めさせないことなのだ。上層階級が一年中多量のバターを得られるかどうかということよりも、できるならば大衆に安価な食料を確実に供給しえること、否、それよりも大衆を失業させないことがわれわれにとって重大なのだ」

ナチス党大会でヒトラーはこのように語っている。そして実際にナチスはこの通りのことを実行した。

ユダヤ人迫害や武力侵攻ばかりが取り上げられるナチスであるが、彼らにこういう面があったことを無視することはできない。彼らが熱狂的な支持を得たのは、ここに最大の理由があるからだ。

ナチスは決して軍事優先ではなかった

ナチスというと軍事国家という印象が強い。

「ヒトラーは政権を取るやいなや莫大な予算を使ったドイツを再軍備した、だから失業も減ったのだ」

と思われてきた。しかし実際は、初期のころのナチスは意外に軍事費が少なかった。1942年までは国民総生産に占める軍事費の割合はイギリスよりも低かったのである。ナチスが政権奪取以来、軍備を最優先してきたと思うのは誤解なのである。第二次大戦初戦、ナチスの進撃があまりにすさまじかったので「ナチスは軍備に相当お金をかけてきた」という先入観を生んだのだろう。

ではナチスは最初のころ、何にお金を使っていたのか？　アウトバーンなどの公共事業や国民の福祉増進に使っていたのである。ナチスは労働者の福利厚生にも手厚い支援をしている。ナチス・ドイツは当時の世界でもっとも充実した福利厚生制度を持っていたと言っていい。ナチスが国民のために支出した費用（軍事費以外の支出）は、1935年で一人当たり210マルクであり、ナチス政権前の1932年は185マルクなので、ナチス政権のほうが国民の福祉に使ったお金は大きかったのだ。

ナチスは、そもそもは労働者のための党であり、大衆政党を目指していたのだ。そのため、まずはドイツ社会最大の問題である失業にその全力を傾けていたのである。

1933年7月に行われた帝国地方長官会議でヒトラーはこう言った。

「われわれのなすべき課題は失業対策、失業対策、そしてまた失業対策だ。失業対策が成功すればわれわれは権威を獲得するだろう」

まさにこの言葉通り、ヒトラーは政権をとると、まず一心不乱に失業対策を講じ、それを成功させることで巨大な権威を獲得することになったのだ。

アウトバーンの奇跡

ヒトラーはどうやって失業を減らしたのか――それは高速道路アウトバーンをはじめとする公共事業によってである。

「アウトバーンの建設を最初に思いついたのはヒトラーではないので、アウトバーンの功績はヒトラーのものではない」

そう分析する歴史家も多い。しかし、これは的を射たものではない。確かにアウトバーンの計画自体はヒトラー以前にもあった。

1921年にはベルリンとバンセーを結ぶ高速道路「アーヴス」がつくられ、これは国際自動車グランプリレースのコースにもなっている。また1925年、ケルン市長だったコンラート・アデナウアーも建造計画を立てている。またドイツに失業者救済のための公共事業が計画されたのは1932年のブリューニング内閣のときである。だからヒトラーのアウトバーン計画は、それ以前の計画の延長線上にあるとも言える。しかしヒトラーの功績はこれらを開始し

アウトバーン　ヒトラーが計画したドイツ全体を覆う世界初の本格的な高速道路網。1980年代には西ドイツ国内ですべての世帯から10キロ以内のアクセスを提供する計画が進められていたが、ドイツ再統一後は予算を東側にシフトし建設が行われた。

たこと自体ではなく、これらの公共事業を「かつてない規模」で行ったことなのである。

ヒトラー以前の公共事業は総額で3億2000マルクに過ぎなかった。したがって景気に及ぼす影響は微々たるものだったのである。

しかしヒトラーは初年度から20億マルクの予算を計上した。この思い切りこそがドイツ経済復興の最大の要因であろう。

アウトバーンはナチスの政権奪取直後に鳴り物入りの国家事業として始められた。

1933年5月1日の国民労働祭、ヒトラーは6か年で全長1万7000キロの高速道路「アウトバーン」を建設すると発表したのだ。その年の9月23日、ヒトラー自らが起工式を行い、工事が始まって3年後には1000キロが開通した。

戦争中も工事は続けられ、終戦時までには4000キロになっていた。日本の高速道路は1963年からつくられはじめ、現在までで総延長は6000キロである。アウトバーンの工事の迅速さ、規模の大きさがわかるはずだ。

コンラート・アデナウアー(1876～1967)
ドイツの政治家。西ドイツの初代連邦首相を14年にわたって務めた。1917年から1933年までケルン市長。ケルンを訪問したヒトラーとの握手を拒否したため、ケルン市長とプロイセン枢密院議長の座を追われた。

ナチス宣伝相のヨーゼフ・ゲッペルスはこう喧伝した。

「20世紀最大の土木事業であり、中国の万里の長城やエジプトのピラミッドと同じように後世に賛嘆されるだろう」

アウトバーンは失業対策としてもさまざまな工夫が凝らされていた。建設費のうち46％が労働者の賃金に充てられている。これは驚異的な数字である。日本では今でも失業対策（景気浮遊策）として高速道路の建設が進められているが、ゼネコンなどの企業や地主に払われる金が非常に大きく、労働者に支払われる賃金は微々たるものである。

アウトバーン建設では、まず労働者の賃金から決められ逆算して予算が組まれた。またナチスのつくった労働戦線という組合が企業を監視していたため、労働者のピンハネをすることは許されなかった。

また公共事業で買収する土地は、その公共事業が決定したときの値段を基準にされることになっていた。そのために公共事業が決定したとたんに地価が上がり、不動産屋がひと儲けする

ヨーゼフ・ゲッペルス
（1897～1945）
ドイツの政治家。ナチス党第３代宣伝全国指導者、初代国民啓蒙・宣伝大臣。「プロパガンダの天才」と称され、ヒトラーの政権掌握とナチス党政権の体制維持に辣腕を発揮した。敗戦直前に家族とともに自殺した。

アウトバーン完成式典で労働者の敬礼を受けるヒトラー（写真左）
©Stapleton Historical Collection/amanaimages

ということができなくなったのだ。

労働者の待遇もよく、各所に約百戸の特殊設備を施された宿舎があって、常時約2万人の労働者が宿泊していた。

またナチス労働戦線の慰安娯楽局がアウトバーン工事現場の各宿舎を定期的に回り、スポーツや読書、映画上映会や演劇会までも催されていた。奥深い山や谷の工事現場で映画会やスポーツ大会が開かれるのである。

ドイツ国民は驚いたはずである。そして新しい時代の到来を強く感じたのではないだろうか。

このアウトバーンをはじめ、再軍備、都市再開発などでドイツの失業率は一気に低下したのだ。

ヒトラーの錬金術

前述したようにアウトバーンをはじめとするナチスの公共事業計画は、最初の年だけで20億マルクが計上された。それまでの公共事業費の数倍をたった1年で費消してしまうのだ。これはそう簡単なものではない。

公共事業をすれば景気がよくなるのはわかっている。国の指導者はだれだって公共事業をやりたいのである。しかし、それには金がいる。金を用意できないために、これまでの指導者たちは公共事業をしてこなかったのだ。逆に言えば、ヒトラーの秀でていた部分はこの大規模計画の資金を捻出することができたことだ。

ヒトラーは資金捻出のために、世界的に有名な金融家のシャハト博士を口説いた。ドイツ帝国銀行の総裁、経済大臣の重要ポストに非ナチス党員であるシャハト博士を就かせたのだ。シャハトは第一次大戦後のハイパーインフレを収束させた伝説の人である。そのシャハトならば妙案を持っているかもしれなかった。結果的に、シャハトがこの莫大な資金を用意することになる。

シャハトのやったことは至って簡単である。国債を発行し16億マルクの資金を捻出し、前期に追加計上された公共事業費の未消化分6億マルクと合わせて21億マルクをつくったのだ。この方法は、じつはだれにでもできることではなく、シャハトにしかできなかったことなのである。というのも、ドイツは第一次大戦後、莫大な賠償金を支払うために紙幣を乱発し、天文学的なインフレ「ハイパーインフレ」を起こしている。

これはドイツ経済を崩壊させ、国民生活を大混乱に陥れた。その記憶がまだ生々しいときに、インフレを誘発する国債を発行することなど、普通のドイツ人にはできるものではなかった。その点、シャハトはハイパーインフレを収束させた、いわばインフレの専門家である。だからこそ、その「危険な国債」を発行することができたのだ。もちろんシャハトはインフレが起きないように綿密な計算をした。

シャハトはドイツ帝国銀行の総裁に任命されると現段階のドイツ経済を検証し、どの程度なら国債を発行してもインフレが起きないかを図った。そして16億マルクという数字をはじき出した。この16億マルクがドイツを救うことになったのだ。

16億マルクをつくったのは、もちろんシャハトの功績であるが、ヒトラーがシャハトを選んでナチス前半期の経済総責任者に就かせたことは非常に意義深い事実である。

ヒトラーは独断的な政策運営をしていたとみられがちである。しかし、実際のヒトラーは有能な人材を見つけ、大仕事を任せることも多いのだ。シャハトなどはその典型的なケースである。

経済政策は政策のなかの要の部分である。その重要な部分をナチスは自分たちで勝手にやらずに、当代一流の専門家を招いてあたらせたのだ。

シャハトとヒトラーは軍備の点で意見が合わないようになり、最終的には袂を分かつことになる。が、シャハトのような人物がナチスで仕事をしていた事実は、もっと評価されていいのではないだろうか。

なぜナチスは領土侵攻をしたのか？

さて、ここまで読んでこられた方のなかには違和感を持つ人もいるだろう。ヒトラーがいかに優れた先進性のある政策を行ったとしても、政権後半には他国の領土侵攻を行ったではないか？　と。

「あんな蛮行を行う政治家が優れているはずはない」

そう思われる方も多いだろう。

確かにナチスの領土侵攻政策は、明らかに国際法にも道義にも反しているものである。しかしナチスの侵攻政策は高校の世界史の授業で語られるような、単にナチスの一方的な侵攻だったわけではない。ナチスの側にしてみれば、それなりの正当性があったわけだし、当時の国際情勢を見ても一方的にナチスを責められるものではない。

その事情について、ここで説明したい。まず当時のドイツの国土について述べたい。

前述したようにドイツは第一次大戦の敗戦で国土の13・5％、人口の10％を失った。植民地もすべて取り上げられ、委任統治などの名目で連合諸国に分捕られた。

もちろん植民地の没収、国土の割譲はドイツの国力を大きく削ぐことになった。しかも多額の賠償金を課せられたのである。

ドイツとしては賠償金を払わなければならないのなら、植民地と旧国土を返してほしいという気持ちがずっとあったのである。またナチス・ドイツの領土拡張政策は、一見、周辺国の迷惑を顧みない傍若無人の行いのように映る。

しかし英仏が宣戦布告する前（第二次大戦前）までのナチスの領土拡張のほとんどは、旧ドイツ帝国の国土回復かドイツ語圏地域の併合だった。

英仏から宣戦布告を受け第二次大戦が始まった後は、資源確保のためにあちこちに侵攻をしたが、その前は旧国土の回復を超えるようなことはあまり行っていないのである。

なぜヒトラーはノーベル平和賞候補になったのか？

1939年、ノーベル平和賞にヒトラーがノミネートされた。

現代のノルウェーのノーベル平和賞委員会は「ヒトラーのノミネートはジョークだった」と弁明し、ヒトラーを推薦した人たちは「ヒトラーにあえてノーベル平和賞を取らせることで野心をくじこうとした」などと述べている。

が、それは第二次世界大戦後、ヒトラーが最大の戦争犯罪人とされたことへの言い逃れにすぎず、実際は決してジョークでヒトラーをノミネートしたわけではなかった。というのは1938年にヒトラーはヨーロッパに平和をもたらしたとして世界中から賞賛されていたからである。

その経緯を説明したい。

何度か触れたように、ドイツはベルサイユ条約によって国土の13・5％を割譲させられていた。その地域にはドイツ系住民が多く住んでいた。

ベルサイユ条約の破棄を掲げて政権を取ったヒトラーは、ドイツ周辺のドイツ系住民が暮らしている地域の「民族自決」を求めた。国際連盟では「政府はその住民により決められる」という「民族自決」の方針を打ち出していた。その民族自決の方針に従い、ドイツに合併したがっている地域は、住民の意思を尊重してドイツに合併すべきだとヒトラーは主張したのだ。そして1938年3月、ナチス・ドイツはオーストリアを併合した。

当時のオーストリアは、じつは連合国の思惑でつくられた「人工国家」だったのである。英仏を中心とする連合諸国は、第一次大戦で敗北したハプスブルク王国を解体し、ドイツ人の多く住む地域をオーストリアという国家にしてしまった。ドイツ人が多く住むのだから、オーストリア人としてはドイツと併合したいという気持ちもある。しかし、ベルサイユ条約では両国の合併は禁じられていた。両国民が望んだとしても、である。

なぜなら両国が併合するとドイツが強くなりすぎるからである。つまり、ドイツとオーストリアは連合国の思惑で一緒になることを禁止されていたが、ヒトラーは「オーストリアの住民がドイツと合併することを望んでいる」としてオーストリア合併を強行したのだ。それに対し、世界中のほとんどの国はさしたる反対の姿勢を見せなかった。フランスでさえドイツのオース

ネヴィル・チェンバレン
(1869~1940)
イギリスの政治家。1937年、首相の座に就く。就任後、有給休暇関連法や家賃統制など労働者の権利を優先させる法律の制定に尽力。ドイツとの交渉が決裂し、第二次大戦が勃発。

トリア併合を黙認したのである。

ヒトラーは次にチェコスロバキアのズデーテン地方に狙いを定めた。この地方は第一次世界大戦前、オーストリア・ハンガリー帝国の一部であり、ドイツ系住民が多く住んでいた。第一次世界大戦直後にはドイツ系住民による政府もつくられ、ドイツとの合併が計画されていた。それが英仏など戦勝国の思惑によりチェコスロバキアの一部とされていた。ドイツの国力をなるべく削ごうとしたのだ。

当時のズデーテン地方にはドイツ系住民が多く暮らしていたが、彼らは公務員に就けないなどの差別を受けていた。ドイツは、かねてからそのことに懸念を抱いていた。ズデーテン地方の住民も、ドイツに「なんとかしてくれ」と泣きついてくる。そこでヒトラーはチェコスロバキアに対し、ズデーテン地方の割譲を求め、一戦も辞さぬという構えを見せたのだ。

これに慌てたのはイギリスとフランスだった。チェコスロバキアは、そもそもイギリスとフランスの思惑によってつくられた国であり、ズデーテン地方をチェコスロバキアに含めることを決めたのもイギリス、フランスだったからだ。当時のヨーロッパ諸国の人々は「ドイツが戦争を始めればまた世界大戦が起こるかもしれない」という不安にかられていた。

そこで1938年9月、ミュンヘンで英仏独伊の首脳の会議がもたれた。いわゆる「ミュンヘン会談」である。このミュンヘン会談でヒトラーが「これ以上の領土は求めない」という確約をし、英仏はズデーテン地方のドイツ割譲を認めた。このとき世界中の人々が「世界大戦が回避された」として歓喜した。

英仏の代表やヒトラーは「世界に平和をもたらした」として賞賛されたのだ。イギリス代表のネヴィル・チェンバレン首相などは、帰国したときには凱旋将軍のようにイギリス国民に迎えられた。このとき、なぜヒトラーが賞賛されたのか――ドイツの周辺にはまだ回復していない旧領土やドイツ系住民が居住する地域が多々あったからだ。「ヒトラーはそれを放棄した」として世界中から評価されたのである。

ヒトラーがノーベル平和賞候補に上ったのも、このことが主な理由なのだ。ミュンヘン会議の後、ズデーテン地方は英仏独などがつくった国際監視団が見守るなかで住民投票を行い、住民の意志によってドイツへの併合が決定した。

ヒトラーをノーベル平和賞に推薦したのは、スウェーデンのエリク・ブラントという国会議員である。彼は1939年に、ヒトラーをノーベル平和賞の候補として正式に推薦している。

エリク・ブラント議員は後に「ヒトラーを推薦したのはジョークだった」「イギリスのチェンバレン首相がノーベル平和賞を取りそうだったので、それを阻止するためにヒトラーを推薦した」などと言い訳している。

しかし、ジョークとしてノーベル平和賞の正式な推薦をするなどということは、常識的にあり得ない。ヒトラーのその後の世界史における行状を見たとき、エリク・ブラント議員としては、そう言うしかなかったのだろう。

1930年代のヨーロッパは、世界大戦の再来におびえていた。ドイツとイギリスに挟まれたスウェーデンなどは、特に世界大戦の回避を切に願っていた。だからこそ、エリク・ブラント議員はヒトラーをノーベル平和賞に推薦したのだ。

しかしヒトラーが推薦された直後に、ナチス・ドイツはポーランドに侵攻を開始した。もちろん、ヒトラーへの推薦はすぐに取り消され、その後、4年に渡ってノーベル平和賞の受賞者は出なかった。

ズデーテン地方　現在はチェコ共和国の一部である地方。当時、300万人以上いたドイツ系住民を背景にドイツに併合されるが、第二次大戦後、チェコスロバキアに返還される。戦後補償をめぐって最近まで紛糾していた。

ミュンヘン会談　ズデーテン問題を解決するために、イタリアのベニート・ムッソリーニ首相が仲介に入り、イギリスのチェンバレン首相、フランスのエドゥアール・ダラディエ首相、ヒトラー総統が話し合いを行ったミュンヘンでの国際会議。

ポーランド侵攻の真実

ミュンヘン会議で「これ以上の領土要求はしない」と明言したヒトラーだったが、領土への野心はこれで止まることはなかった。

それは英仏が弱腰だったことが一つの要因である。ヒトラーはミュンヘン会談で味をしめ、「まだいける」と踏んだのだろうが、もう一つ大きな要因があった。ドイツにとって「喉元《のど》のとげ」とも言える領土問題がまだ残っていたのだ。

それは「ポーランド回廊」と呼ばれる地域である。ポーランドは旧ドイツ帝国の領土を削減し、それにロシアの旧領土を加えて建国された国である。さらにポーランドが海につながる土地を確保するために、ドイツはポーランド回廊といわれる地域を割譲させられた。そのためにドイツは東プロイセン地域と遮断されてしまったのだ。

自国が他国の領土によって分断されているのは屈辱であるとともに、さまざまな不都合があった。国内の行き来が自由にできないのだから経済発展の面でも非常に不都合である。たとえば日本で、名古屋から金沢にいたる地域が他国の領土になって日本列島が分断された場合、国民は耐え難いほどの不自由さを感じるはずである。ドイツとしては、このポーランド回廊を奪還することは国家的な悲願でもあった。

財政家のシャハトも、1929年に開かれた「ヤング会議」で「取り上げられた植民地とポーランドへ割譲した回廊が戻されないと賠償金は払えない」と述べている。前述したようにシャハトは「レンテンマルクの奇跡」を実行し、世界的にも権威のある財政家である。そのシャハトがこういう要求をしているのだ。

ポーランド回廊の回復が当時のドイツにとっていかに切実だったかということだ。ヒトラーはポーランドに対し、たびたび「ポーランド回廊」の割譲を求めた。しかしポーランド側は断固として拒否し、英仏の支援を仰いだ。それに業を煮やしたヒトラーは1939年9月、ドイツ軍にポーランド侵攻を命じた。ポーランドと協定を結んでいた英仏はドイツに対して宣戦布告。第二次世界大戦はこうして始まったのである。

ポーランド回廊

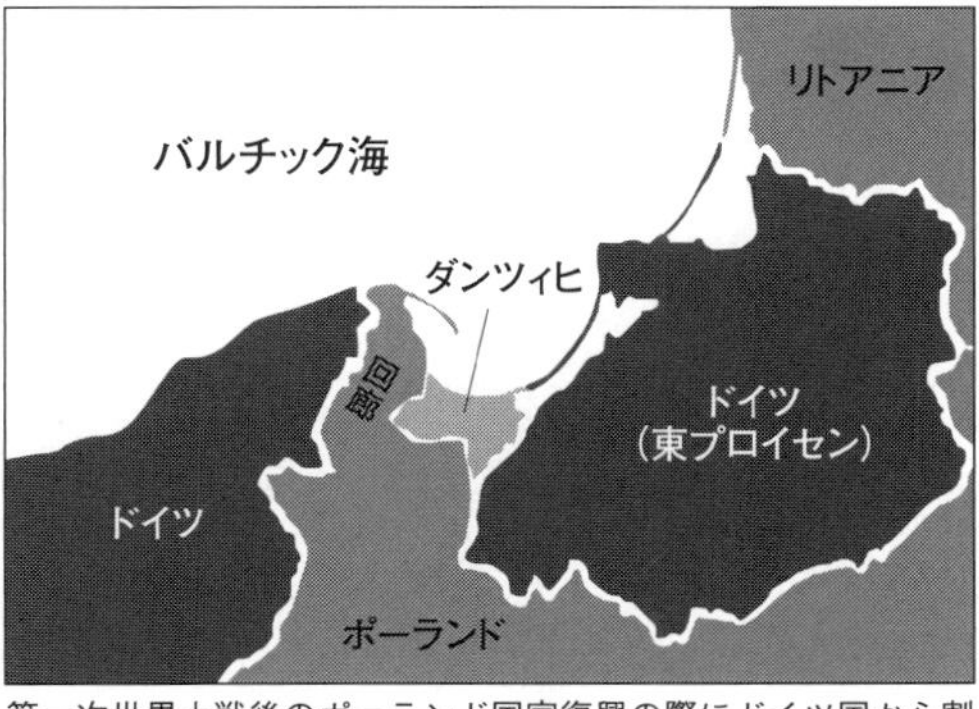

第一次世界大戦後のポーランド国家復興の際にドイツ国から割譲された領土のうち、自由都市ダンツィヒとドイツ国領プロイセン州に挟まれ、バルト海に面した回廊地帯。

第3章

日本とイギリスの経済戦争

なぜ日本とイギリスは対立したのか？

前章まで第二次大戦のヨーロッパでの経済的な背景を追ってきたが、ここでアジア、太平洋地域に目を転じたい。

第二次世界大戦ではアジア、太平洋地域において日本とアメリカが激しい戦闘を繰り広げた。もちろん、その戦争には経済的な背景がある。日本の中国への進出にアメリカが反発し、最終的に「在米資産凍結」「石油禁輸」という処置を取った。それが日米開戦の要因ということになっている。が、じつはこの地域では日米の対立以前に、もう一つ大きな経済対立の構図があった。それは「日本対イギリス」である。

日本とイギリスは1930年代に熾烈な経済戦争を繰り広げていた。それが国際経済に大きな影響を与え、日本の中国進出にもつながっていくのである。日本とイギリスは以前、決して悪い関係ではなかった。明治新政府は主にイギリスをお手本として文明開化を成し遂げたものである。日露戦争時には軍事同盟さえ結んでいた。これが日露戦争に勝てた要因の一つでもある。また日本が第一次世界大戦の戦勝国となり、国際連盟の常任理事国になれたのも日英同盟が大きく影響している。日本とイギリスは第一次世界大戦前後までは蜜月と言っていいほど親密な関係だったのである。その両国がなぜ経済的に対立するにいたったのか？ それがなぜ日米の開戦につながっていったのか？ 本章ではそれを追究していきたい。

日英同盟 日本とイギリスの間の軍事同盟。1902年1月調印発効。第一次から第三次（1911年）まで継続更新され1923年8月に失効した。第一次世界大戦までの間、日本の外交政策の基盤となった。
国際連盟 1920年1月に正式に発足。史上初の国際平和機構。第二次世界大戦勃発後は事実上活動を停止していたが、1946年4月に国際連盟は解散し、その資産は国際連合により承継された。

急成長した日本経済

戦前の日本とイギリスの関係には日本の急激な経済成長が大きく影響している。戦前の日本経済の成長は明治以降ほぼ一貫していた。明治維新から第二次大戦前までの70年間で、日本の実質GNPは約6倍に増加している。実質賃金は約3倍、実質鉱工業生産は約30倍、実質農業生産は約3倍になっている。

この日本の経済成長がイギリスとの関係を大きく変えることになった。

たとえば造船業である。明治初期の日本は船舶の多くを輸入していたが、その主な輸入元はイギリスだったのである。とくに軍艦はイギリスからの輸入が非常に多かった。日露戦争で戦った主力艦のほとんどはイギリス製だった。しかし明治中期から日本は急激に造船技術を発達させた。

「黒船の脅威」で開国を余儀なくされた日本は〝造船業〟を、もっとも優先的な産業と位置付けていたのだ。幕末から幕府や薩摩藩などはすでに造船を行っていたが、日清戦争後には本格化することになった。

明治29（1896）年には「造船奨励法」などが施行され、船の建造には補助金が出されることになった。また航海奨励法も施行された。これは日本製の船を買った船主に補助金が出される制度である。これらの制度により日本の造船業は大きく前進した。1910年ごろになると、日本の船舶需要はすべて国内の造船業でまかなえるようになり、以後は輸出国に転じた。

第一次大戦でヨーロッパの工業生産が落ち込んだのを好機に、日本は造船量を激増させた。第一次大戦の間だけで日本は184隻、40万トンの船舶を欧米に輸出し、大戦後にはイギリス、アメリカに次ぐ世界第3位の造船国となったのだ。

日露戦争のとき、主力艦はすべて外国からの輸入だったが、太平洋戦争では軍艦のほぼ100％が国産だった。戦艦大和の建造技術もこの造船業の発展が成したものである。

軍艦のみならず、太平洋戦争時の日本軍の武器のほとんどは国産だった。欧米でも自軍の武器のほとんどを国産でまかなっていたのはアメリカ、イギリス、フランス、ドイツなどごく一部の国である。もちろん欧米以外では日本だけである。19世紀から20世紀にかけて、これほど急激な発展をした国は他に例を見ない。

もちろん、武器や機械を自国で生産できるようになると、その分、外国から物を買わないで済むようになる。その主な購入相手がイギリスだったのである。

衰退していく大英帝国

日本が急激に経済成長する一方で、イギリスは19世紀末から20世紀初頭にかけて、日本とは逆の方向に向かう。ご存知のように、イギリスは18世紀に世界で最初に産業革命を成し遂げ、18世紀から19世紀にかけて「世界の工場」と呼ばれていた。またその軍事力で世界各地に兵を進め、世界中に植民地を持っていた。その当時、イギリスは「パックス・ブリタニカ」と呼ばれ、世界の超大国と目されていたのである。

しかし20世紀に入るとイギリスの隆盛には、かなり陰りが見えはじめていた。その工業力の優位性は19世紀後半にはかなり薄れていた。19世紀末には工業生産でアメリカに抜かれ、さらに20世紀初頭にはドイツに抜かれていた。イギリスは第一次大戦で衰退したように思われているが、第一次大戦前からすでに「世界の工場」ではなくなっていたのである。そして第一次大戦でイギリスの衰退にさらに拍車がかかった。

大戦後半はドイツの潜水艦による海上封鎖なども影響し、国力が消耗しつくしたが、アメリカの支援と参戦により、ようやく勝利することができた。

第一次大戦はイギリス経済に深刻な打撃を与えた。大戦前、イギリスはアメリカに対する圧倒的な債権国だったが、大戦後にはアメリカがイギリスに対して圧倒的な債権国となっていたのだ。日本とイギリスの関係は血気にはやる少年と昔派手に稼いでいた老紳士というようなものだった。その両者が世界大恐慌の直後に「経済戦争」を起こすのである。

昭和初期、日本とイギリスでは貿易戦争のような事態が起きていた。1980年代、アメリカと日本との間で自動車の輸入などでもめて「貿易戦争」などと言われた時期があったが、それよりはるかに激しい貿易競争が起きていたのだ。

なぜイギリスと貿易戦争になったのか？　その要因は綿製品である。日本が綿製品の分野において急激な輸出の増加を示したためにイギリスとの関係が悪くなったのだ。そもそも綿製品はイギリスの代名詞でもあった。イギリスは産業革命によって綿工業の動力化に成功し、その経済力によって世界の覇者になったのだ。

19世紀から20世紀初頭にかけての世界経済の発展はイギリスの綿製品を中心としたものだった。20世紀初頭、世界貿易における綿製品などの繊維製品の割合は20％にも達し、イギリスの

パックス・ブリタニカ　イギリス帝国の最盛期である19世紀半ばごろから20世紀初頭までの期間を表した言葉。イギリスが卓越した海軍力と経済力で維持した平和のこと。ドイツの台頭、第一次大戦の勃発により崩壊した。

シェアはその半分に近かった。

かつてイギリスは綿製品関係の国際貿易を一手に引き受けていた。綿製品の原料である綿花はエジプト、インド、アメリカからロンドンに集められ、世界中のバイヤーが集まった。その莫大な取引を金融面で仕切ることでロンドンのシティーは世界の銀行となっていったのだ。だから綿製品というものは世界の覇者であるイギリスを支える屋台骨でもあった。イギリスの工業が斜陽化してからも、綿製品を植民地のインドに売ることでイギリス経済は支えられていた。そのイギリスにとって重要な分野に日本が対決を挑んだのである。

「綿製品」新興国としての日本

幕末の開国以来、絹の原料である生糸は日本の輸出品の主力だった。そのうち日本の産業界は生糸を売るよりも絹や綿を製造して売ったほうが儲けが大きいことに気づき、次第に紡績業が発展していく。

よく知られているように日本経済は第一次大戦中に急成長した。

ヨーロッパ各国が消耗戦を繰り広げたために、彼らの輸出力が減退し、逆に彼らは多くの輸入を必要とするようになった。そのためヨーロッパ各国のシェアを奪うかたちで、日本が輸出を増大させたのである。

第一次大戦中に、日本の輸出は3倍にも膨れ上がった。その際に中心になったのが紡績業だった。日本はイギリスに比べて紡績業で有利な面を持っていた。イギリスは産業革命で紡績業の機械化、合理化に成功していたが、その工場や機械はすでに老朽化していた。長く世界の紡績業の頂点に君臨していたため新技術の導入に消極的だったのだ。

しかし日本はイギリスより百年遅れで産業革命を体験したことで、最新技術をそのまま取り入れた。また中小の業者が乱立していたイギリスの紡績業者に比べ、日本は財界人たちが協力して大工場をつくった。

たとえば日本の紡績会社の先駆けとなった大阪紡績は、渋沢栄一らの呼びかけでつくられた。大阪紡績は株式によって莫大な資金を集め、世界でも最大級の紡績機を導入した大規模な工場を建設し、電力を利用して24時間操業を始めた。まだ出回り始めたばかりの電灯を大々的に導入したのだ。その結果、大阪紡績は大成功を収め、それに倣《なら》って次々と同様の企業がつくられていった。日本の綿工業はこうして拓かれたのである。

大阪紡績　日本最初の大規模紡績会社で現在の東洋紡績の前身。華族を中心に政商、綿関係商人を加えて1882年5月に創立。蒸気機関による1万5000の紡績機、労働者300人弱の当時最大規模で開業。

また日本はイギリスに比べて人件費が安いので、価格面でイギリスは日本に歯が立たなかった。日本は国内での生産のほかにも、上海や青島にも最新鋭の紡績工場を建設、イギリスの製品をアジア市場から次第に駆逐していった。

世界大恐慌を機に日本の綿製品がイギリスを凌駕する

イギリスと日本の貿易戦争は世界大恐慌を機に深刻化していった。

世界大恐慌によりイギリス経済も日本経済も大きな打撃を受けた。

昭和4（1929）年から昭和6（1931）年の間、日本の輸出は半減してしまったが、日本の経済回復は他の先進諸国よりもかなり早く、昭和7（1932）年には恐慌前の水準に戻った。その理由としては、円の為替安を背景に輸出振興策を取ったことが大きい。

当時、日本は国を挙げて輸出製品の品質向上に励んでいた。じつは日本は世界大恐慌よりも一足早く、深刻な不況を経験していた。第一次大戦で爆発的に輸出が増加したものの、欧州諸国の工業が復興してくると、輸出は急激に減少し、不況となったのだ。そこに関東大震災が追い打ちをかけた。そこで日本は産業を立て直すために輸出促進を掲げていた。

日本製品は価格では競争力があったが、品質は欧州などに比べて見劣りがし、「粗製濫造」

の非難を受けることも多かった。そのため、大正14（1925）年に重要輸出品工業組合法が制定され、厳しい品質検査を行うことになった。

価格が下がり、品質がよくなった日本製品は世界大恐慌あたりから急激に競争力をつけていったのである。また円安も日本の輸出増進に拍車をかけた。世界大恐慌後、日本は急激な円安状態になっていたが、政府はこれを放任していた。そのため円の価値は1929年に100円当たり約49ドルだったのが、1933年には25～23ドルに低下していた。

円のドルに対する価値は、たった3年で半値になったわけである。現代（2013年以降）の円安よりも、さらに急激な円安状態になっていたのだ。その円安を背景に、日本は集中豪雨のように輸出を行った。結果、日本はインドや東南アジア、オーストラリアなどの欧米植民地国に対して急激に輸出を伸ばしたのだ。

日本の輸出の主力となったのが綿製品だった。このころは長らく日本の主力商品だった生糸や絹に陰りが見え始め、日本の繊維産業は本格的に綿製品にシフトしていった。そして日本の綿輸出は世界大恐慌前の昭和3（1928）年にはイギリス製品の37％だったのが、昭和7（1932）年には92％となり、昭和8（1933）年にはついに追い抜いた。イギリスとしては当然、おもしろくない。自国の重要産品のシェアを日本に奪われたのである。

今の日本に置き換えれば、自動車の輸出量を韓国に抜かれるくらいの衝撃があっただろう。

イギリスにとってとくに痛かったのは、インド市場を奪われたことである。当時のインドはイギリスの植民地であり、イギリスの庭先のようなものである。さまざまな面でイギリス製品に有利な条件があったにもかかわらず、日本製品に食われてしまったのだ。日本製品にそれだけ競争力があったということだ。

これに慌てたイギリスは強行手段に乗り出す。輸入規制を行うのだ。いわゆるブロック経済化である。インドはイギリス政府の要望に応えるかたちで、昭和5（1930）年4月、綿業保護法を施行した。インドはイギリス製品に対してイギリス製品は15％、その他の国の製品には20％の関税をかける保護法だった。綿製品に対してイギリスのブロック経済の始まりに関しては、昭和7（1932）年のオタワ会議が有名だが、じつはその2年前からすでにブロック経済化が始まっていたのだ。

インドの綿製品への関税はさらにエスカレートする。

昭和6（1931）年3月にはイギリス製品20％、イギリス以外の製品は25％となり、同年9月にはイギリス製品25％、イギリス以外の製品31・25％となる。

そして昭和8（1933）年、決定的な措置を講じる。

インド政庁は輸入綿布の関税を大幅に引き上げさせたのだ。イギリス製品に対しては25%に据え置くが、イギリス以外の製品は75%もの高関税を課したのである。この高関税は日本製品を狙い撃ちにしたものだった。

東洋経済新報の昭和8年10月14日号では、イギリスの圧力に対して「我国は焦慮無用」と題された次のような記事がある。

此の頃の英国乃英領諸国の我国に対する態度は全く成つていない。所謂貧すれば鈍するで、気の毒にも英国人は近年不景気で少々逆上していると評すより外はない。が、さうだとすれば我国としては、英国人の此の逆上を真面目に取つて、今にも日本の経済が四方八方から圧迫せされ、押しつぶされでもするかの如く驚く事はない。強者は日本で弱者は先方だ。

もちろん、日本としても黙ってはいない。

イギリスが日本の綿製品のインドへの輸出を制限すると、日本はインドの綿花輸入をストッ

オタワ会議 1932年、オタワで開催された英連邦諸国の経済会議。世界恐慌にあえぐイギリス帝国の経済再建として連邦内での特恵関税制度を中心とする相互通商協定を締結し、英帝国経済ブロックが形成された。

プした。当時、インドは綿花を需要な輸出品としており、その主な得意先が日本だったのだ。インドは綿花を日本に輸出し、綿製品を日本から輸入していたのである。

そのため日本の綿製品業者は、インドからの綿花購入をボイコットすることで対抗しようとしたのだ。これによりインドの綿花は大暴落し、インド経済は大きな打撃を受けた。インドにしても、この状態は解消したかったので日本とインドで調整が行われた。そしてインドからの綿花輸入と日本の綿製品輸出の数量をリンクすることで両者はいったんは同意したが、この経済摩擦は結局解消されなかった。

その後もイギリスからの横やりが入り、今度は日本の雑貨品に高関税をかけるなどインドの裏切

日英の綿製品輸出状況　　単位：百万ポンド

	イギリス 	日本 
昭和7年	2197 （インド599 中国125）	2032 （インド645 中国210）
昭和11年	1917 インド416 中国8	2708 インド482 中国119

り行為が続いたのだ。

インド市場から締め出された日本は、そのはけ口を満州に求めることになった。またインド経済もこの打撃により民衆の不満が高まり、それは独立運動へのエネルギーになっていったのである。

自転車輸出も日本が勝つ

日本とイギリスの貿易戦争は綿製品だけではなく自転車にも及んだ。車が今ほど普及していなかった当時、自転車は市民にとってもっともポピュラーな乗り物だった。現在の車に匹敵するような存在だったといっていい。

自転車は綿製品と同じように大英帝国の主力商品だったが、これも日本がお株を奪ってしまったのである。

自転車は明治維新前後に輸入されたとみられるが、だれが持ち込んだのか明確なことはわかっていない。日清戦争ころでも自転車が通るのを見かけたら、野次馬が大勢駆けつけたという。

江戸時代には各藩お抱えの鉄砲鍛冶の職人がいたが、明治維新で新しい技術が導入されたため、多くが失業した。職にあぶれた鉄砲鍛冶たちが目をつけたのが自転車製造だった。

自転車はフレームなど鉄砲と共通する技術が多い。そのため鉄砲鍛冶たちは自転車が普及し始めるとまず修理業をはじめ、そのうち自転車製造をするようになったのだ。

たとえば現在も自転車メーカー大手である宮田自転車（現在の株式会社ミヤタサイクル）は、鉄砲鍛冶だった宮田栄助が明治23年、自身の経営する宮田製銃所で自転車をつくったのが始まりである。この自転車は瞬く間に日本の主力工業製品となった。

生産台数は、大正12年には7万台（それ以前の記録はない）だったのが、昭和3年には12万台、昭和8年には66万台になり、昭和11年には１００万台を超えた。それ以降、戦争が激化する昭和15年まで１００万台前後を誇っている。

日本の自転車は輸出品としても強い競争力を誇っていた。昭和12年当時25円前後で輸出されており、イギリスの半値に近い価格だった。イギリスは日本製自転車の英領への輸出を関税などで阻止しようとしたが、日本の低価格攻勢はそれを楽々クリアしたのだ。

昭和12年に自転車は機械輸出のトップ（16・18％）となっている。2位が船舶の14・81％、3位が鉄道車両11・48％、4位が自動車、自動車部品11・42％となっている。

輸出先は1位が中国で32％、次がインドネシアで15％、次がインドで11％、以下は満州やアジア諸国となっている。この自転車での貿易戦争も日本とイギリスの関係悪化につながっているのだ。

日本をいじめるイギリス

綿製品、自転車、雑貨などの日本製品の攻勢に対し、イギリスは本格的な対抗策を取るようになっていった。

昭和9（1934）年、イギリスと日本の民間交渉が行われた。イギリス側はここで地球規模での市場分割を提案した。日本と輸出商品がかぶっていたイギリスは世界市場を日本と分け合おうしたのである。分け合おうといっても、日本側が一方的に輸出規制をするだけのことであり、イギリスにとって虫のいい話ではあった。

しかし高関税などの障壁をつくられるよりはイギリスと調整をしたほうがいいので、日本側もこの交渉に応じたのだ。イギリスは世界市場を北米、アジア、中東、欧州、南米、中米の六つに分け、その地域ごとに日本が輸出の自主規制を行ってほしいと提案してきた。

しかし日本は、自主規制の対象とするのはイギリス領、イギリス植民地、イギリス属国に限

宮田自転車　創業者・宮田栄助（1840〜1900）は元鉄砲師。米国へ自転車輸出の際に見つけたアンスル消火器を日本に持ち帰り国産化に成功。現在は消防車メーカーのモリタグループになり、自転車部門を株式会社ミヤタサイクルとして分社化。

るべきだと主張した。後世の目から見ても日本側の主張は妥当だといえる。輸出の自主規制をするだけでも自由貿易のルールから逸脱している。日本としてはイギリスの勢力圏ならば、それも仕方がないと思ったはずだ。

イギリスはさらに自国の勢力外の、全世界の市場での自主規制を求めてきたのである。世界市場でどれだけ物を売ろうと第三者に文句を言われる筋合いはない。

もし現代でどこかの国が当時のイギリスのような主張をすれば国際世論でコテンパンに叩かれるはずだ。こういう主張をしてきたのは、イギリスに「世界の大国」としてのおごりがあったと言わざるを得ない。

結局、この交渉は物別れに終わり、日本とイギリスの貿易戦争は外交関係の悪化につながっていくのである。

ブロック経済化するイギリス

しかも日本製品が締め出されたのはインドだけではない。イギリスは連邦内すべての地域に関税障壁をつくったのである。

昭和7（1932）年にはカナダのオタワで英連邦諸国の経済会議が開かれた。いわゆるオタワ会議である。このオタワ会議において、英連邦内では「特恵関税」を敷き、英連邦外の国には高い関税を設けることが定められた。

当時の英連邦は宗主国イギリスとカナダ、オーストラリア、ニュージーランド、アイルランド、インド、ニューファウンドランド、南アフリカ連邦、南ローデシア、ビルマ、マレー半島、シンガポール、香港、エジプト等であり、世界の4分の1を占めていた。この広大な地域が自由貿易を拒絶したのである。世界経済に与える影響は強大なものがあった。

当時、日本は東南アジアやオーストラリア、南アフリカなどにも輸出を伸ばしていたので英連邦内の「特恵関税」は大きな打撃となった。

またオランダなどもイギリスにならい、オランダ領インドネシアなどへの日本の工業製品の輸入を制

1921年時点におけるイギリスの植民地（英連邦）

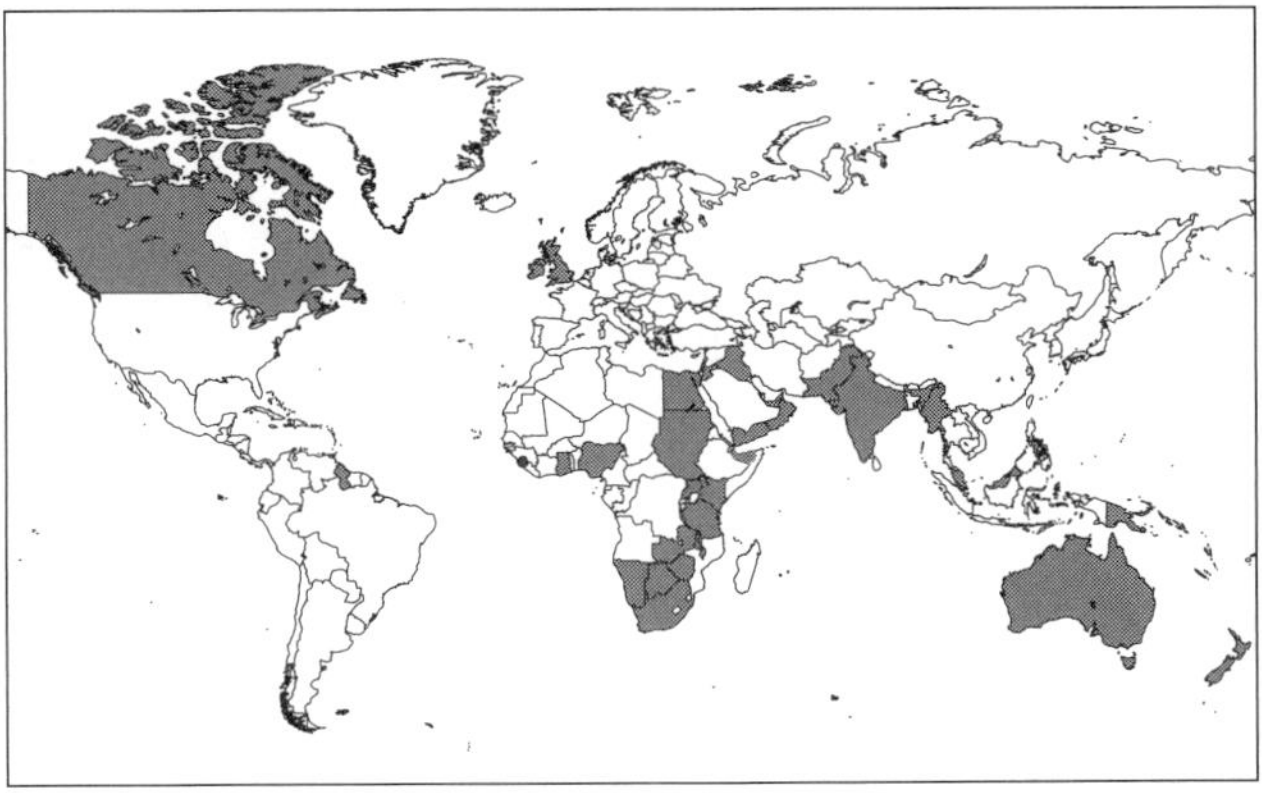

限するようになった。アジア、オセアニア、アフリカなど欧米の植民地市場から日本製品は軒並み締め出された格好となったのだ。

日本はいきおい満州、中国大陸へ向かうことになったのである。イギリスがブロック経済化するのとほぼリンクして日本軍が中国大陸で戦線を拡大していく。

「昭和の日本の軍部は政治や世論を無視して暴走した」というようなことがよく言われるが、決してそうではない。軍部は日本の国情や世論を汲んだ動きをしていたのである。それがいいことか悪いことかは別として。

当時の軍人は日本の国情や世界情勢に非常に敏感だった（おそらく現在もそうだと思われる）。戦争というのは経済力や資源確保が大きな要素となる。そのため日本の経済情勢、それを取り巻く国際環境に対しては民間以上に研究をしていた。

だからイギリスのブロック経済化が日本に与える影響も重々承知していたし、それに対して日本がどうしなくてはならないかと考えていたはずだ。その結果、中国での戦線拡大、権益確保を目指すことになるのである。そして今度はそれがアメリカとの経済摩擦を生むことになる。

戦前日本は貿易をしないと成り立たない国だった

イギリスがブロック経済を敷いて日本からの輸出を締め出したからといって、なぜ日本が中国に向かったのか疑問に思う方もいるはずだ。多少、輸出ができなくてもいいではないか、なぜ、わざわざ戦争を起こしてまで中国に権益を求めなくてはならないのかと——。

その回答には当時の日本の経済事情が絡んでいる。戦前の日本は貿易依存度の高い国となっていた。1890年代までは貿易依存度（GNPに占める輸出入の割合）は9％程度だったのが、第一次大戦前に20％を超え、1930年代には34・3％にまでなっていた。

現在の日本は貿易立国と言われているが、貿易依存度は30％前後である。つまり戦前の日本は現代日本と同じか、それ以上に貿易に依存した国だった。日本は貿易をしないとやっていけない国だったのである。

しかも日本は鉄や石油、ゴムなど国民生活や軍事に欠かせない原料のほとんどを輸入に頼っていた。それらの原料を購入するためには、日本からもなにかを売らなくてはならない。

昭和期の日本の貿易収支は赤字が続いていた。売るものよりも買うもののほうが多い状態だったのだ。だから売ること（輸出）ができなくなれば、原料を買うこともできなくなる。その

永田鉄山（1884〜1935）
陸軍軍人。軍務官僚として常に本流を歩み「将来の陸軍大臣」「陸軍に永田あり」と評される秀才で参謀本部第２部長、歩兵第１旅団長などを歴任。陸軍内部の統制派と皇道派の抗争に関連して相沢三郎陸軍中佐に殺害される。

危機感が日本軍を中国大陸に走らせたのである。

また当時の世界情勢は今の世界情勢とはかなり違う。

現在であれば一国との関係が悪くなって経済取引ができなくなっても、他の国と取引をする選択肢がたくさんある。

しかし当時の世界は、一握りの欧米諸国が世界全体に植民地を持っており、世界の資源の多くを一部の国が握っていた。一国との関係が悪化すれば、そう簡単に他に選択肢はなかったのである。しかも大英帝国という世界最大の版図を持つ国との関係が悪化したのだ。

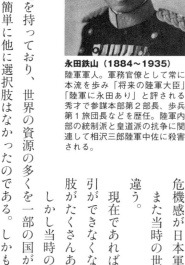

日本の経済戦略は根本から見直さなくてはならないし、他国に頼らない「自国の経済圏だけでやっていける体制」をつくろうということになったのである。日本は英米仏のような広大な植民地を持っておらず、自国の勢力圏での資源は非常に限られていた。

そのために建国したのが満州国だった。そして永《なが》田《た》鉄山《てつざん》など軍部の一部は、満州の資源だけではなく華北、華中の資源も確保すべしと考えていた。それが中国との泥沼の戦争につながったのである。

日本が国際連盟を脱退した経済的理由

日本は貿易がないと成り立たない国だったのに、なぜ世界から孤立するような行動をとったのか、そういう疑問をもたれる方もいるだろう。しかし、じつは日本は孤立しようと思って孤立していったわけではない。たとえば国際連盟からの脱退もそうである。この脱退には、ある重要な経済戦略が含まれていた。日本は国際経済から孤立しないために「あえて」国際連盟を脱退したのである。そのいきさつを説明しよう。

昭和8（1933）年2月、ジュネーブで開かれた国際連盟の総会で、日本は国際連盟脱退を表明した。この国際連盟脱退劇は、満州国に関して国際連盟が行った決議に日本が反対して行ったものとされている。総会に参加した44か国のうち42か国が満州国否認の決議に賛成した。日本はそれに激怒し、脱退したということになっている。確かに表面的にみればその通りだが、じつは国際連盟脱退の直接の原因はそうではない。日本の国際連盟脱退の最大の理由には経済

満州国　1932年から1945年の間、満州に存在した国家。1931年、満州事変が勃発、関東軍が満州全土を占領。関東軍の主導で同地域は中華民国からの独立を宣言し、1932年3月に建国。元首には清朝最後の皇帝・愛新覚羅溥儀が就いた。

的な要因があったのだ。

国際連盟では違反国に対して「経済制裁」をできるという条文がある。国際連盟規約の第16条には「国際連盟の決議を無視して戦争に訴えた国には経済制裁を行う」と記されている。実際にエチオピアに侵攻したイタリアは経済制裁を受けている。

前述したように当時の日本は経済的に行き詰まっており、経済制裁を受けると大きな打撃を受けることが予想された。また国際連盟で満州国の建国が否認されることは、日本側もあらかじめ予想していたことなのである。そのため、先手を打つかたちで日本は国際連盟を脱退したのだ。

国際連盟の規約では経済制裁できる相手国は「連盟に参加している国」となっていた。国際連盟に参加していない国に対しての取り決めはなかった。そのため国際連盟から脱退さえすれば国際連盟による経済制裁は受けなくて済んだのだ。もちろん各国が独自にその国に対して経済制裁する可能性はあったが、それは各国の意思に任されていることであり、国際連盟の参加国が一致して経済制裁することからは逃れることができた。

事実、国際連盟から脱退後、ただちに日本に対して経済制裁を行う国はなかった。日本としては国際連盟から完全に脱退するつもりはなかった。そのため国際連盟の本体からは脱退したが、連盟内にある諸団体（ＩＬＯなど）には留まっていた。また脱退表明から正式に脱退するまでの猶予期間中も分担金を払い続けていた。
とりあえず経済制裁を逃れることだけが日本の国際連盟脱退の本当の理由だったのである。しかし、その後の日中戦争の拡大や英米仏などとの関係悪化のため、国際連盟に復帰する意味や機会を失い、第二次大戦に突入していくのである。

エチオピア戦争　エチオピア帝国と領土拡大を進めるイタリア王国が数度にわたり行った戦争。第一次エチオピア戦争（1889〜1896）と第二次エチオピア戦争（1935〜1941）がある。第一次ではイタリアが敗北。第二次ではイタリアが圧勝。

第4章 満洲利権を狙っていたアメリカ

なぜアメリカは日本の中国進出を嫌ったのか？

世界のブロック経済化により、日本は中国に勢力範囲を拡大しようとした。それに対してアメリカが激怒したことが日米開戦の大きな要因となった。それにしても、なぜアメリカは日本の中国進出をそれほど嫌ったのか？

「中国が可哀そうだから」「日本の傍若無人な振る舞いが許せなかった」

などというのは、もちろん後付けの理屈である。そんなことで自国の国民を戦争に駆りたてたりはできないし、アメリカ国民もそんなことで戦争に行ったりはしない。アメリカが日本の中国での動きに神経をとがらせていたその最大の理由は「経済」なのである。

じつはアメリカも中国の権益を欲していた。とくに満州という地域は喉から手が出るほど欲していた。しかも第二次世界大戦よりはるか以前の日露戦争当時から欲していた。満州は当時の世界情勢を左右する地域だった。満州は欧米列強たちがこぞって食指を動かしていた地域だったのである。

19世紀後半の満州は世界地図のなかで欧米列強に植民地化されていない数少ない地域だった。アフリカ、アメリカ、アジアと侵略を続けてきた欧米諸国にとって中国は最後に残った獲物であり、満州はその最果ての地である。あまりに遠すぎるので、まだ満州まではどこの国も手をつけていなかったのだ。中国に進出していたイギリスやフランスも満州まではまだ行っていなかった。

満州の広大な大地は欧米列強にとって魅力のあるものだった。そのため列強たちは、この地をどういう分け前にするのか牽制し合うようになっていた。そして19世紀末になって、ついにロシアがこの地に侵攻を始めた。

日露戦争　1904（明治37）年2月から1905（同38）年9月に行われたロシア帝国との戦争。

セオドア・ルーズベルト
(1858~1919)
アメリカの軍人、政治家。第26代アメリカ大統領。当初は親日家だったが日露戦争後は極東で台頭する日本に警戒心を感じるようになり、艦隊を日本に寄港させ日本を牽制した。

満州と陸続きのロシアは他の列強よりも有利な立場にあった。また極寒の国ロシアにとって満州は温暖な気候である。さらに満州に進出できれば太平洋へ出ることができる。満州はロシアにとって魅力あふれた地域だった。それでもロシアは19世紀末まではそれほど露骨に満州に進出してはこなかった。清への遠慮があったからだ。

しかし日清戦争で清が敗れるのを見ると、ロシアは露骨に満州に侵攻してきた。日本が清から租借されたはずの遼東半島を強引に横取りし、満州全土に租借権や鉄道の敷設権や権益を持つにいたった。そしてロシアが満州を南下し、朝鮮半島にまで来たところで日本と衝突し、日露戦争が起こった。

ところがロシアは日本に敗れたため、満州地域での影響力を大きく損なった。そこで欧米列強は満州への野心を抱くようになったのである。その野心がもっとも強かったのがアメリカである。

植民地獲得競争に出遅れたアメリカは、他の列強に比べると保持している植民地は少なかった。世界一の工業国となっていたアメリカは、その工業製品を引き受けるマーケットを求めていたし、満州の穀物や鉱物資源にも目をつけていた。

日露戦争では、アメリカは日本とロシアの間に立ち、講和を取り持ってくれた。しかし、それもロシアが持っていた満州地域の市場を開放させるためでもあったのだ。実際、セオドア・ルーズベルトは最初に日本とロシアの講和を持ちかけたとき、日本に対して「ロシアが利権を持っていた満州地域を中立地域にする」という提案を行っているのだ。この案は日本に拒否されたため実現しなかったが、この当時からアメリカが満州地域に並々ならぬ野心を持っていたのは紛れもない事実である。

南満州鉄道の並行線を建設しようとしていたアメリカ

日本は日露戦争で獲得した南満州地域での権益を、決してアメリカに譲ろうとしなかったので、アメリカのもくろみは外れてしまった。日露戦争の勝利で日本が獲得した南満州鉄道にし

日清戦争　1894（明治27）年7月から1895（同28）年3月に行われた清国との戦争。
ポーツマス講和条約　1905（明治38）年9月4日、アメリカ東部港湾都市ポーツマス近郊の海軍造船所で、小村寿太郎とロシア全権ウィッテの間で調印された講和条約。

エドワード・ヘンリー・ハリマン（1848～1909）
アメリカの実業家。サザン・パシフィック鉄道を買収し、社長に就任。日露戦争中に１億円で南満州鉄道の共同経営を申し込んだが、小村寿太郎外相の反対で不成立に終わる。

桂太郎（1848～1913）
陸軍軍人、政治家。台湾総督、陸軍大臣、内閣総理大臣、大蔵大臣、外務大臣などを歴任した。第二次内閣時には韓国併合や大逆事件による社会主義者の弾圧、関税自主権の回復による条約改正の達成などの業績を残した。

ても、当初はアメリカ人の実業家エドワード・ヘンリー・ハリマンと日本が合同で経営することになっていた。当時の日本の首相、桂太郎とハリマンとの間で合意までなされていたが、外務大臣の小村寿太郎が猛反対し、日本単独での経営となった。ハリマンはアメリカのパシフィック鉄道などで財を成した鉄道王である。もちろんアメリカとしては気分がいいわけがない。もし、ハリマンが南満州鉄道を経営していれば日米戦争はなかったのではないか、と述べる歴史家もいる。

日露戦争で勝利した日本は、当然のごとく満州にあったロシアの権益をわが物にするつもりだった。アメリカはそれがおもしろくなかった。というよりも日本が南満州地域を握ることでアメリカに実害も生じていた。日本は南満州の市場で大きな影響力を持つようになったのだ。

たとえば当時、アメリカの綿製品は満州の市場に進出していたのだが、日露戦争以降は日本製品に駆逐されてしまった。これに怒ったアメリカは日本に対し市場の閉鎖性を訴えたが、当時、日本製の綿製品は価格などの強い競争力を持っており、アメリカの訴えは妥当なものではなかった。

アメリカはどうにかして日本の利権を横取りしようと画策した。そして、なんとアメリカは清国に働きかけ、日本が獲得していた南満州鉄道（ハルビン～旅順）に並行に走る鉄道を建設しようとしたのだ。この鉄道も日本の抗議で建設はできなかった。するとアメリカは次に「四国借款団」というものをつくった。「四国借款団」は満州地域の鉄道をすべて中立化し、中国が鉄道建設などで借款をする場合はアメリカ、イギリス、フランス、ドイツが一体となって行うというものである。

欧米諸国はアジア、アフリカなどに対し、多額の借

小村寿太郎（1855～1911）
外交官、政治家。外務大臣、貴族院議員などを務めた。1902年、日英同盟を積極的に主張して締結に持ち込む。日露戦争後の1905年、日本全権としてロシア側と交渉しポーツマス条約を調印した。

南満州鉄道　1906（明治39）年から1945（昭和20）年まで満州国に存在した日本の特殊会社。略称は満鉄（まんてつ）。鉄道事業を中心として広範囲の事業を展開し、日本の満洲経営の中核となった。最盛期には80余りの関連企業があった。初代総裁は後藤新平。

款（融資）を行い、その対価としてさまざまな権益を獲得し、経済的な面から支配していくのが常套手段だった。そのため、どこかの国が抜け駆けをしないように中国への借款は4か国が一体となって行うようにしようとしたのだ。

この「四国借款団」には日本も加わるように要請されていた。日本が中国の権益を拡大しようとしていたので、それを抑えるためである。

日本としては南満州鉄道の権益を手放すことになるため、それは了承できなかった。そして日本はアメリカの動きを警戒し、ロシアとの協力を深めた。明治43（1910）年には第二次日露協商が締結され、満州におけるお互いの権益を確認し合い、協力関係を築いた。ロシアも満州北部に権益を持っていたので、日本とロシアが協力してアメリカの圧力を防ぐのが狙いであった。

アメリカの企ては明治45（1912）年に辛亥革命で清国政府が倒れたことで頓挫した。「四国借款団」もいったん、うやむやになってしまった。

中国大陸で権益争いに出遅れていたアメリカは、清が倒れたあとに発足した中華民国にすぐに接近した。中華民国政府はまだ組織が不安定であり、有力者同士が権力争いをしている最中だった。しかしアメリカはこの中華民国政府の一部に強引に近づいたのである。他の列強に先駆けて中華民国とパイプを持とうとしたのだ。

第一次大戦終盤の大正7(1917)年、アメリカは中国に働きかけ対独宣戦布告をさせた。これは中国を戦勝国にすることで日本をけん制するためである。中国は戦闘らしい戦闘をしていないにもかかわらず「戦勝国」となり、パリ講和会議に出席することができた。

第一次大戦では、日本はドイツが権益を持っていた中国山東省に兵を進め、これを制圧した。日本はもちろん、その権益を引き継ぐつもりだったが、ここでもアメリカの横やりが入った。

「中国も戦勝国なのでドイツが山東省に持っていた権益は中国に返還されるべき」

と中国が主張し出したのである。

中国はドイツとほとんど戦闘はしておらず、山東省のドイツ軍を降服させたのは日本だった。にもかかわらず、中国が強硬に主張したのはアメリカの後ろ盾があったからである。結局、山東省の日本の権益は最終的に中国に返還することになった。

辛亥革命　1911年に勃発した中国の革命。清朝を打倒するとともに2000年来の専制政体を倒し、アジアで最初の共和制国家である中華民国を樹立。独立富強の中国の建設を目指したもので民族主義、民権主義、民生主義という孫文の三民主義を指導理念とした。

こうしてみると、アメリカは中国に優しく非常に紳士的で正義の国のように思える。しかしアメリカは他国のことをとやかく言える立場ではなかった。この時期、アメリカはフィリピンのイスラム勢力地域に兵を進め、フィリピン全土を領有している。第一次大戦中の1915年、アメリカはフィリピンのスールー王国を制圧し、フィリピン全土を支配下に置いていたのだ。当時の世界は帝国主義同士の激しい分捕り合戦の渦中にあった。

「中国を山分けしよう」とアメリカは提案した

さらにアメリカは中国の権益を欧米各国で公平に分配しようと働きかけていた。アメリカが中心になって「新四国借款団」がつくられたのだ。これは「旧四国借款団」と同様に、中国に鉄道建設などで借款を行う場合は、一国だけが抜け駆けせずに欧米各国が共同して行う、という取り決めである。

日本はアメリカなどの圧力に耐え切れず、この「新四国借款団」に大正10（1920）年から加入している。ただし日本がすでに権益を持っていた南満州鉄道などは、対象から外すという規定は認めさせていた。

また大正11（1922）年には、主にアメリカの呼びかけにより9か国条約が締結された。

これは中国の主権を尊重し、中国市場の門戸開放、中国市場での各国の機会均等をうたったものである。

この9か国条約では次の4つの原則が定められた。

1　中国の主権、独立を尊重すること

2　中国が自ら政府を確立することに対して邪魔をしないこと

3　中国における各国の商工業活動は、機会均等を保つこと

4　中国の情勢を利用して特別な権益を求めようとしないこと

そしてこの9か国条約はワシントン会議に出席した9か国、アメリカ・イギリス・オランダ・イタリア・フランス・ベルギー・ポルトガル・日本・中華民国の間で締結された。

この文面だけを見ると、いかにも中国を尊重しているように見えるが、この9か国条約には

スールー王国　フィリピン諸島とボルネオ島の間に連なるスールー諸島にかつて存在した国。イスラム教国で1450年代に成立したとされ、中国と東南アジア・西アジアを結ぶ海上交易の一端を担って栄えた。1898年に米領フィリピンに併合された。

9か国条約　1922年のワシントン会議でアメリカ・イギリス・オランダ・イタリア・フランス・ベルギー・ポルトガル・日本・中華民国間で締結された中国に関する条約。門戸開放・機会均等のほか、日本の中国進出を抑制を図ったもの。

解釈の仕方によって抜け穴がたくさんあった。たとえば「中国が自ら政府を確立することに対して邪魔をしないこと」という原則だが、これを守っている国はどこもなかったのである。当時の中国には、まだ真に安定した政府はなかった。そのため日英米の各国は思い思いに中国の有力勢力を支持し支援していたのだ。蒋介石が実権を握ることができたのも英米などの支援があったからである。

蔣介石（1887～1975）
中国の政治家、軍人。孫文の革命運動に加わり中華民国の統一を果たして同国の最高指導者となる。第３代・第５代国民政府主席、初代中華民国総統、中国国民党永久総裁。共産党との内戦に敗れて台湾に逃れた。

つまりは、この9か国条約は各国に都合のいい解釈ができたわけであり、とくにアメリカに都合よくできていたのだ。

世界を失望させた「対華21か条」

アメリカが中国に野心を燃やす一方で、日本も負けず劣らず中国に強い野心を示していた。

第一次大戦中に発せられた「対華21か条の要求」は、日露戦争でアジア諸国の人気者になった日本の評価を一気に凋落させた。

第一次世界大戦中、日本はイギリスとの同盟関係によりドイツに宣戦布告し、中国のドイツ租借地である山東半島などを攻撃した。日本はこの地域のドイツ軍を駆逐した後、そのまま占領を継続し、ドイツの持っていた租借権や鉄道管理権をそのまま引き継ごうとした。また日本は欧州諸国が泥沼の戦闘をしているのをよそに中国での権益を一挙に拡大しようと図った。その際に中国に突き付けたのが対華21か条の要求である。

当時の中国は辛亥革命により清が倒れ、中華民国を樹立していた。この中華民国の大総統の袁世凱に対し、大正4（1915）年1月18日、大隈重信内閣（加藤高明外務大臣）が21か条の要求を突き付けたのだ。この21か条の要求はドイツが山東省に持っていた権益を譲り渡すこと等のほか、旅順、大連などの租借権を99年まで延長したり、満州での日本人の商工業の自由を認めさせるなど権益の大幅な拡大が盛り込まれていた。この対華21か条の要求の「第5号」には、さらに中国側として屈辱的なことが記載されていた。

「外国から借金が必要な場合は、まず日本に相談すること」

「政治、経済、軍事に日本人顧問を雇い入れること」

加藤高明（1860〜1926）　外交官、政治家。1924年内閣総理大臣となり選挙公約であった普通選挙法を成立させ、日ソ基本条約を締結しソ連と国交を樹立するなど一定の成果を上げた。

袁世凱（1859～1916）
中国清朝末期の軍人・政治家。清朝崩壊後は第２代中華民国臨時大総統、1913年初代大総統に就くと独裁を強め、帝政実現を図るが、反日気運と反袁運動のなかで1916年、56歳で病死。

大隈重信（1838～1922）
政治家、教育者。政治家としては参議兼大蔵卿、外務大臣、農商務大臣、内閣総理大臣、内務大臣、貴族院議員などを歴任した。早稲田大学の創設者であり初代総長。

「中国の警察に相当数の日本人を雇い入れること」
など国の統治権までを侵食するような内容が含まれていたのだ。

この第5号は日本側も後ろめたい内容だったようで、当初はイギリス、アメリカ、ロシア、フランスにはこの5号の存在を隠していた。そして中国側に対して、この5号は他国に漏らさないように求めていた。ところが中国はこの第5号を世界に向けて開示したのである。

そのためアメリカは日本を厳しく非難した。当時、日本の同盟国だったイギリスも第5号の内容には不満を示した。第4号までは日本が蒙満に持っていた権益を確認し、ドイツの持っていた権益を引き継ぐような内容であり、イギリス、アメリカ、ロシア、フランスなどもそれほど反発するようなものではなかったが、第5号は日本が中国全体の権益を脅かすようなものだったので欧米諸国は強く反発したのだ。

この21か条の要求は、ある意味、当時の中国が抱えている問題を的確に捉え、その改善策を提示しているものでもあった。当時の中国は近代化のためにやみくもに外国から資本を導入し、それがために外国にさまざまな権益を奪われ、にっちもさっちもいかない状況に陥っていた。日本としては、それを食い止めるために支援してやろうという意も含まれていたようだが、この要求はあまりに傲岸だった。日本側に善意が含まれていたとしてもまったく対等な国家として扱っていないのは明白である。しかも巨大な権益を要求しているのだ。

当時の中国は日本を近代化の手本にしようとしていた。辛亥革命を主導した孫文は日本から多大な支援を受けていたし、後に国民党の主宰となる蔣介石も日本に留学していた。当時の中国の知識人たちは「日本を見習え」が合言葉のようになっていたのだ。その日本からこのような仕打ちを受けたためにショックが大きかった。

ヨーロッパの侵攻に苦しんできた中国は日本に救いを求めていたのだが、その日本もヨーロッパ諸国と同様の

孫文（1866~1925）
中国の政治家・革命家。初代中華民国臨時大総統。中国国民党総理。辛亥革命を起こし「中国革命の父」、中華民国では国父と呼ばれる。

侵攻を始めたのである。中国から見れば、「第一次大戦でやっとヨーロッパの侵攻が弱まったと思えば、今度は日本か」という状況だったのだ。

これを機に、中国の日本への羨望の感情は憎悪に変わった。この要求を受け入れた日（5月9日）は今でも中国では国辱記念日となっている。この21か条の要求が出されたとき、中国の留学生も一斉に帰国する事態となった。当然、アメリカも反発した。

なぜ満州事変は起きたのか？

このように日米の中国における対立が深まるなか、昭和4（1929）年に世界大恐慌が起き、翌昭和5（1930）年にはイギリスによるインドからの日本製品締め出しが始まった。そしてその翌年の昭和6（1931）年に満州事変が起きる。この満州事変をきっかけに日本は満州全土に兵を進め、満州国を建国したのだ。

この満州国建国の背景は今一つわからないという方が多いのではないだろうか？

小中学校の教科書に載っている満州国建国の経緯はだいたい次のようなものである。

親日派だった中国の軍閥の張作霖が関東軍の謀略によって殺され、関東軍はそれを中国側のせいにして戦闘に持ち込み、満州を占領し、満州国を建国してしまった。

しかし、この説明では不明な点が多々浮かぶはずである。張作霖はなぜ殺されたのか？　関東軍はなぜ戦争を仕掛けたがったのか？　また満州国は「理想主義的な国家建設」として語られたり、その反対に「日本の侵略主義がもっとも表れたもの」という見方をされたりもする。いずれにしても政治イデオロギー的なとらえ方をされることが多い。しかし本当にイデオロギー的な理由だけで、このような事態が引き起こされるだろうか？

共産主義イデオロギーによって成されたとされる「ロシア革命」にしても、その背景にはロシア国民の貧困があった。歴史はイデオロギーだけで動くことはほとんどない。なにか経済的な背景があるはずである。満州国の建国にももちろん経済的背景があったのである。しかもそれは非常に現実的かつ具体的なものであった。有体に言えば、満州国の建国は南満州鉄道の利権争いが発端になっているのである。

前述したように、日露戦争の勝利により日本は南満州鉄道の権益を獲得したが、当然中国側

世界大恐慌　1929年10月24日にニューヨーク証券取引所で株価が大暴落したことを端緒として世界的な規模で各国の経済に波及した金融恐慌。この日は「暗黒の木曜日」として知られ、南北戦争に次ぐアメリカの悲劇と言われた。
満州事変　1931年9月18日に中華民国奉天（現瀋陽）郊外で、関東軍が南満州鉄道の線路を爆破した柳条湖事件に端を発し、関東軍による満州全土の占領にいたる日本と中華民国との間の武力衝突。
関東軍　大日本帝国陸軍の部隊編成単位の一つ。1919年に関東都督府が関東庁に改組されると同時に関東軍として独立。租借地であった関東州（遼東半島先端）の守備、および南満州鉄道附属地警備を目的とした関東都督府の守備隊が前身。

張作霖（1875～1928）
中国の軍閥政治家。1904年に日露戦争が勃発し、張はロシア側のスパイとして活動し日本軍に捕縛されたが処刑を免れた。その後は日本側のスパイとしてロシア側の多くの情報を伝えた。1928年に爆死。

としてはおもしろくない。自国の鉄道の運営権を他国が持っているのである。相手がロシアであれ、日本であれ、それは同じことである。

南満州の鉄道は中国の物流の基幹である。つまり中国は自国の大動脈を他国に握られているのである。今の日本でたとえるなら東海道新幹線を外国に握られているようなものだ。中国では１９１２年に清朝が倒れ、孫文を指導者とする中華民国が建国された。この中華民国は諸外国が中国に保持している権益を回収することを大きな政治目標としていた。19世紀以来、中国は欧米列強から食い物にされ、さまざまな権益を奪い取られていた。それを取り戻そうというわけである。そして満州でも日本の南満州鉄道を回収する運動が始まった。

日本としては、もちろん南満州鉄道の権益をおいそれと返すわけにはいかない。日本は南満州鉄道だけではなく鉄道付属地も譲り受けていた。鉄道付属地とは鉄道施設のある場所のことだが、実際は都市の行政権をも握ることになった。そのため満鉄は「鉄道経営」だけではなく、満鉄の沿線の都市の事実上の行政権も獲得したのである。

この鉄道付属地のなかには豊富な埋蔵量を持った撫順《ぶじゅん》の炭鉱もあった。また満鉄は後に鞍山《あんざん》で鉄の大鉱脈を発見し、鉄道付属地内に昭和製鋼所を建設している。中国の要求に従っていると、それらも全部返さなくてはならない。ロシアとの死闘でやっと獲得したものであり、これを返還すると日本中がひっくり返ったような騒ぎになる。

もちろん、それは日本側に立った帝国主義時代の考え方である。中国から見れば列強が武力を背景に強引に分捕った権益であり、それは返してもらわなければならないという気持ちがあった。

当時、満州を支配していた軍閥の張作霖は、はじめは親日的な立場をとっていたが南満州鉄道を返還しない日本に業を煮やし、やがて日本を追い出す運動を始める。張作霖はこの満鉄の利権を武力を使わずに奪い取る計画を立てた。

1924年に「東三省交通委員会」という鉄道会社をつくって、南満州鉄道に並行して走る鉄道の建設を始めたのである。この並行線は中国人資本による建設だとされていたが、実際に

ロシア革命　1917年にロシア帝国で起きた2度の革命。十月革命は史上初の社会主義国家樹立につながった。広義には1905年のロシア第一革命も含めた長期の諸革命運動を意味する。

昭和製鋼所　満鉄が創業。私企業ではあるが政府・軍に統制され、国策会社の色合いが強かった鉄鋼メーカー。1941年には世界的な製鉄所となる。戦後、鞍山鋼鉄公司となり、長らく中国国内で最大手の製鉄業者だった。

は英米からの借款が行われている。中国人の経営であることは間違いないが、英米も一枚かんでいたのだ。

この離反行為に腹を立てた日本は１９２８年、張作霖を爆死させてしまう。しかし中国側はひるまなかった。張作霖の爆死以降、この計画は大幅に拡充された。

日本は当初、この「東三省交通委員会」を静観していた。中国にはまだ鉄道をつくり、運営する技術はないと踏んでいたからだ。

案の定、中国の鉄道運営技術は低く、「東三省交通委員会」の列車の運行はたびたび遅れたが、それでも「東三省交通委員会」は南満州鉄道よりも運賃が安かった。また南満州鉄道を利用する業者には高い税金が課せられたり、中国

満州事変前後の南満州鉄道の収益

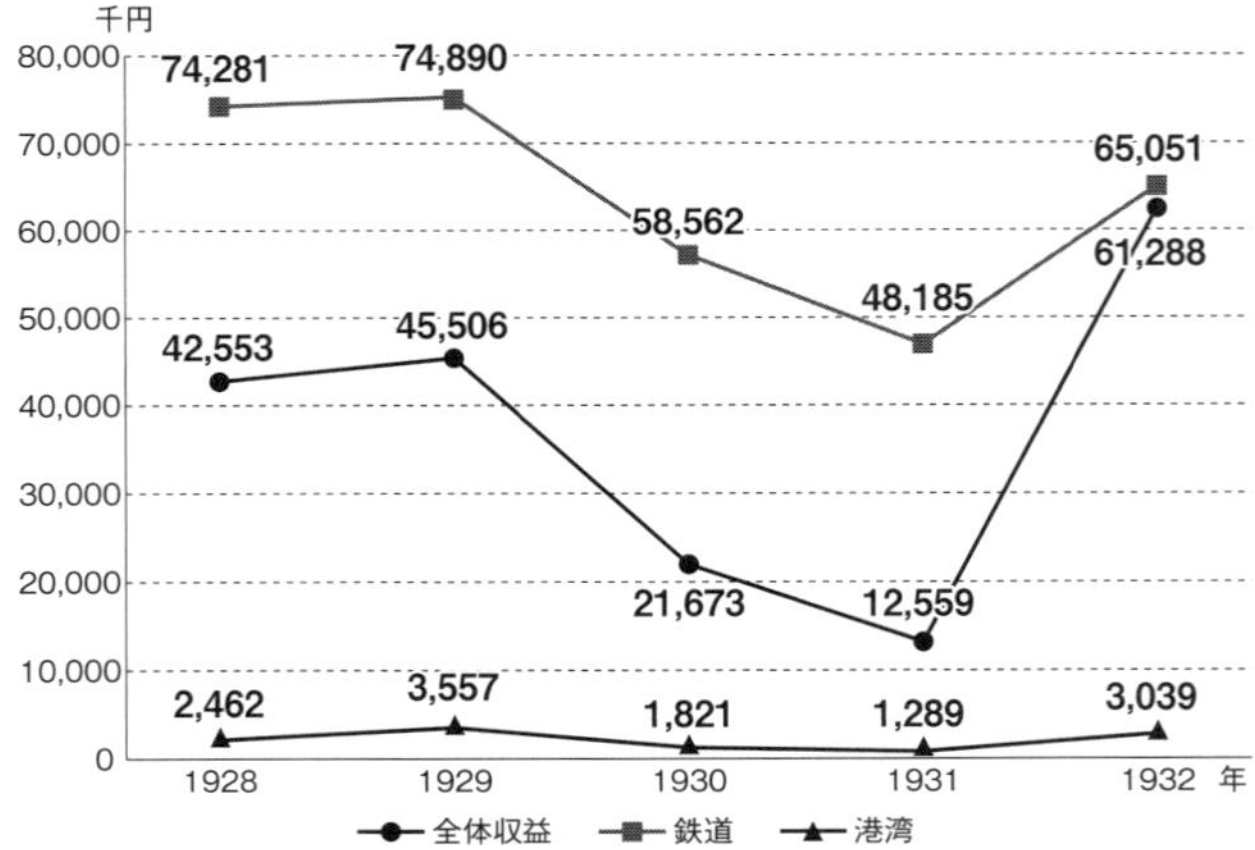

出典：『満鉄を知るための十二章』吉川弘文館より

の民衆に抗日的な意識があったことから「東三省交通委員会」は南満州鉄道の収益シェアをたちまち奪ってしまった。

左グラフのように、昭和3（1928）年と昭和6（1931）年（満州事変勃発の年）を比較すると、南満州鉄道の収益は全体で約4分の1に激減し、鉄道収益で約35％、港湾収益で約50％も減少している。

ここにきて日本は大慌てとなった。南満州鉄道は日本の大陸進出のカナメであり、収益の柱でもあった。南満州鉄道の経営が悪化すれば大陸政策そのものが躓くことになる。しかも世界大恐慌やイギリスのブロック経済化によって日本経済の行く末が案じられていた時期である。

はじめ日本は中国側に抗議した。日本と清とは南満州鉄道に並行した路線をつくらないという覚書を交わしていたからだ。しかし中華民国側はまったく意に介さなかった。

当時、満州には日本の若者が大勢渡っていた。彼らは大陸浪人などと呼ばれ、不景気の日本本土で職を得られずに、大陸に渡って一旗揚げようともくろんでいたのだ。

この大陸浪人たちを中心に、満州の日本人の間で中国の競合路線建設を糾弾する動きが活発

張作霖爆殺事件　1928年6月4日、根拠地である奉天へ向かった張作霖は奉天近くで乗っていた列車を爆破され、まもなく死亡した。当初から関東軍の参謀・河本大作大佐の策略説が有力であるが他説も多い。

化した。満州各地で決起集会が開かれ、そこに関東軍の幹部も呼ばれることが多かった。関東軍は満州在住の日本人の意を汲んだかたちで、ついに戦闘を開始するのである。それが昭和6（1931）年に勃発した満州事変である。

権力の空白地だった満州

前項では、満州国の建国は張作霖の対抗鉄道建設が引き金になった、と述べた。もちろん、それだけが要因ではない。地政学的にも大きな要因があった。

日露戦争の勝利で日本が獲得した満州の権益は満州の南半分だけである。満州の北部はロシアが陣取っていた。日露戦争で敗れたとはいえロシアは強国であり、満州の北部から日本ににらみを利かせていた。そんな日本にとって満州北部を獲得する決定的なチャンスが訪れる。ロシア革命である。

強国ロシアは革命により足元から崩れていったのである。新しく誕生したソ連は、革命の混乱から周囲の地域に目を配ることができなかった。そのため満州北部のロシア占領地域には権力の空白が生じたのである。

ソ連政権は建国とともに中国と結んでいた条約をすべて破棄しており、ソ連の満州進出のカナメであった東清《とうしん》鉄道は宙に浮いてしまっていた。

ロシアから離れた地にいた当時のロシア人のなかにはロシア革命を嫌い、ソビエト連邦に帰属しない人たちも大勢いた。ハルビンにも無国籍ロシア人が多数いたのだ。ウラジオストックにはすぐにソビエト政権の手が及んだために、極東地域にいたロシア移民はハルビンに殺到したからだ。それらの者によって東清鉄道は経営されていたのだ。

ソ連は１９２４年になってようやく東清鉄道の権利を主張し始めたが、日本など周辺国の反発を恐れてか、武力行使や無理やり共産圏に組み入れることはしなかった。そのため日本が満州を占領するまで東清鉄道はそれまで通り、ソ連以外の無国籍のロシア人が私鉄として営業を続けたのである。広大な満州北部は列強のどこもが手をつけない状態になっていたのだ。魅力的な広大な満州北部が目の前に横たわっている。日本としては指をくわえて眺めている手はないはずである。

満州事変が起きたのはロシア革命から10年後のことである。満州国の成立はロシア革命抜きにはあり得なかったといえるだろう。

東清鉄道　ロシア帝国が満洲北部に建設した鉄道路線。満洲里からハルビンを経て綏芬河へと続く本線と、ハルビンから大連を経て旅順へと続く支線からなる。

ちなみに東清鉄道は満州国建国後に満州国政府が買い取り、鉄道員のほとんどはそれなりの退職金をもらい解雇された。これらの鉄道員は金が続くうちはハルビンにおり、金がなくなるとソ連に入った。ソ連に入国するときには所有物はすべて没収され、カザフスタンやシベリアに送られ、その多くはスパイ容疑で銃殺された。

第5章

軍部の暴走に日本国民は熱狂した

日本国民は戦争を欲していた

　ここまで第二次世界大戦の背景となる「世界経済の破綻」を見てきた。その限りでは日本は比較的、被害者的な立場であるかのようにも思えるかもしれない。

　確かに世界大恐慌とその後のブロック経済化の流れのなかでは、日本は「持たざる国」としての悲哀を味わってきたが、それを打開するために武力を講じるのは許されるものではない。

日本がどんな言い訳をしようと満州国建国や中国への進出には「資源確保」「権益拡大」の目

的も必ずあったのである。

また当時の日本は国内経済に重大な問題を抱えていた。戦前の日本は現代日本よりもはるかに深刻な格差社会だった。一部の財閥が国の富を独占している一方で、労働者は低賃金にあえぎ、農村では生活苦のために娘を身売りする家庭が多々あった。日本はその格差問題を解消するために戦争に活路を求めたという面が多分にあるのだ。

教科書ではよく「軍部の暴走により日本は泥沼の戦争に引きずり込まれた」というようなことが述べられているが、これは事実ではない。軍部が暴走したのは事実だが、国民の多くはそれを歓迎していたのである。それは当時の国民の多くが「戦争をすれば経済がよくなる」と思っていたからである。

本章では、そういう日本の国内経済事情について追究していきたい。

満州事変に国民は熱狂した

満州事変は日本を国際的に孤立させる重大な出来事だったが、じつはこの満州事変を国民は熱狂的に支持していたのである。

勃発から1か月後の昭和6年10月24日には満州駐留兵士への慰問袋が7000個に達してい

る。また同年の11月25日には満州駐留兵士への慰問金が10万円を突破している。当時の10万円は現在に換算して数億円の価値がある。東日本大震災の義援金に比べれば額が少ないように感じるが、災害義援金と軍への慰問金は性質が違う。災害義援金は災害で住む場所を失ったり、肉親を失った人たちを支援するためのものである。

当時の満州の兵士は別に災害にあったわけでもない。軍から給料が支払われているので、生活に困っているわけでも住む場所がなくなったわけでもない。それなのに、なぜ国民から慰問金が寄せられたのか——感謝の意を表したいがためである。つまり満州事変に関して国民はそれほど熱狂していたのである。満州事変の勃発と、それに続く満州国の建国は日本を国際的に孤立させたが、国民はこれも熱狂的に支持していたのである。

松岡洋右（1880～1946）
外交官、政治家。満鉄総裁。日本の国際連盟脱退、日独伊三国同盟の締結、日ソ中立条約の締結など第二次世界大戦前夜の日本外交の重要な局面に関与した。

昭和8年2月、全権大使の松岡洋右《ようすけ》はジュネーブで開かれた国際連盟の総会で日本の脱退を表明した。松岡洋右は、国民は怒っているだろうと思い、直接帰国せずにアメリカに立ち寄っていた。しかし日本国民は松岡を絶賛しており、それはアメリカにも聞こえてきていた。松岡がようやく決心して帰国すると凱旋将軍のように迎えられたのである。

東京朝日新聞では松岡洋右の帰国の様子を次のように報じている。


「歓迎の嵐の中に無量の感慨を抱いて松岡代表帰国す」

〜日本晴れに輝く横浜港〜

日本の外交に画期的な転換をもたらした、国際連盟会議に帝国首席代表として出席のため、去る10月21日、故国を鹿島立した松岡洋右氏は、出発以来7か月振りに27日午後横浜着、朝野を挙げての歓迎のあらしの中を直ちに特別列車にて同3時5分東京駅着、閣僚以下官民多数の熱誠なる歓迎を受けて華々しく帰朝した。

零時55分臨時列車が到着する頃四号上屋内外は数万の人の山で埋まった。検疫を終えた浅間丸が漸く港内へ姿を現すと旋回する飛行機の爆音とともに歓迎の人垣は動揺する。午後1時船体がぴったり岸壁へ横づけとなるや万歳万歳の歓呼の声が怒涛のようにわき上った。松岡全権一行がタラップを伝わって力強い上陸第一歩を印する瞬間、上屋を揺がす歓呼は爆発して一種壮烈なシーンを展開した。ＪＯＡＫのマイクを通じて河西アナウンサーがこの盛観を全国民の胸へ伝へる頃、万歳歓呼の浪を分けて全権一行は上屋休憩室で少憩の後、午後2時20分岸壁構内を埋めた官民一同の熱狂歓呼のあらしを後に臨時列車によって晴れやかに帝都へ向った。

昭和8年4月28日　東京朝日新聞夕刊

このときの脱退劇は総会に参加した44か国のうち42か国が満州国否認の決議に賛成し、シャム（現在のタイ）が棄権票、日本だけが反対だった。つまり42対1の圧倒的に不利な状況だったのである。これ以上ないというほどの国際的孤立である。

にもかかわらず、日本の国民はこの判断を熱狂的に支持したのである。なぜ国民が満州事変や国際連盟脱退を支持したのか？

そこには当時の日本が抱えていた重大な経済問題が背景にあった。

格差社会が軍部の暴走を招いた

前述したように戦前の日本は現代以上の格差社会だった。それが「国民が戦争を歓迎する」という土壌につながっていったのである。

日本は明治維新後、急激に工業化を進めたが、国全体を見ればまだまだ「貧しい農村社会」だったのである。もともと江戸時代の人口の9割近くが農業をしていたので、おいそれと改善できるものではない。昭和5年の調査では第一次産業47％、第二次産業20％、第3次産業30％であり、就業人口2900万人のうち1370万人が農業に従事していた。そのうち半分近くの600万人が女性だった。男性でも女性でも、もっとも多い職業は「農業」だったのだ。

昭和20年の時点でも農業人口は就労人口の50％近くおり、職業人口としては農業が断トツのナンバーワンだったのである。そして農村の貧しい生活のはけ口として軍部が人気を集めるようになったのだ。軍部が大陸で勢力を伸ばすことが農村の危機を救ってくれる、といった錯覚を大勢の日本人が抱いた。戦前も都市の生活者たちは現在の人たちとあまり変わらないような便利で文化的な生活をしていたが、当時の人口の半数近くを占めていた農山村ではまだ江戸時代とほとんど変わらないような生活をしていた。

農山村では昭和に入っても上下水道の設備は整っていないところが多かった。そのため水は近くの川や井戸まで汲みに行くことになった。それはつらい重労働であり、農山村の生活の上で「水汲み」は大きな位置を占めていた。またガスなどもまだ整備されていない地域が多く、煮炊きはかまどや囲炉裏を使っていた。これらには薪や柴が必要であり、薪や柴の調達も農山村の生活には欠かせないものだった。

電気は昭和初期には大半の家庭に整備されたが、電熱器などを使っていたのは都市部の家庭だけで、農山村では白熱灯が一個だけついている状況が少なくなかった。また当時の農業は経営基盤が非常に弱いものでもあった。今でも日本の農業は「土地の狭さ」という問題があるが、それは当時から抱えていたものである。

下表のように、農家一人あたりの農地面積は世界から比べても非常に狭い。所有耕地は5反未満（約0・5ヘクタール）が約50％で、三町以上（約3ヘクタール）は8％に過ぎなかった。しかも戦前は土地を持たずに農作業だけを請け負う「小作人」が多かった。耕地面積は自作53％、小作47％、不在地主は耕地所有者の19％だった。つまり日本の農地の半数は小作だったのである。

彼らは日本の農業を担っていたが最下層の階級でもあり、不作の年には娘を身売りするなどの行為が

昭和6年当時の1人当たりの耕地面積

単位・ヘクタール

日本	内地	0.45
	朝鮮	0.57
	台湾	0.31
イギリス		3.9
フランス		2.7
ドイツ		2.1
イタリア		1.3
オランダ		1.3
アメリカ		12.8
インド		1.2

普通に行われていた。

彼らは地主に収穫した作物の一部を納めるのではなく、決められた小作料を支払って農地を使わせてもらっていた。農作物が不作のときや農作物の価格が暴落したときは小作料が払えなくなって困窮した。小作人が小作料の引き下げを求めて暴動などを起こす「小作人争議」は、たびたび社会を混乱させた。

瀬島龍三（1911～2007）
陸軍軍人、実業家。南方作戦におけるマレー作戦、フィリピン作戦やガダルカナル撤収作戦、ニューギニア作戦、インパール作戦、台湾沖航空戦、対ソ防衛戦など陸軍の主要な軍事作戦を作戦参謀として指導した。戦後は伊藤忠商事会長。

そのため農家の経済基盤は非常に脆弱で、ことあるごとに生活が困難になった。とくに昭和初期に起きた世界恐慌で農村は大きな打撃を受けた。

昭和5年、当時の物価は20～30％下落した。農産物はもっともひどい下落をした。米は半値以下、繭は3分の1以下になったのだ。昭和7年当時、農家の一戸平均の借金は840円で農家の平均年収723円を大きく上回るものだった。

昭和9年には東北地方が冷害で不作となり、農村はまた大きな打撃を受けた。農村では学校に弁当を持って行けない「欠食児童」や娘の身売りが続出、一家心中も多発し、社会問題となった。

昭和6年の山形県最上郡西小国村の調査では、村内の15歳から24歳までの未婚の女性の467名のうち23%にあたる110人が家族によって身売りを強いられたという。警視庁の調べによると、昭和4年の一年間だけで東京に売られてきた少女は6130人だった。5・15事件や2・26事件に走った将校たちも農村の荒廃を動機に挙げている。

瀬島龍三が著した『幾山河』には次のような記述がある。

「さて、初年兵教育を受け持って感じたのは、兵たちの半分くらいは貧しい農漁林業の生まれということだ。なかには妹が夜の勤めに出ている、家の借金が火の車というような者もいた。一方では新聞紙上でドル買いで財閥が儲けたとか、政治の腐敗とか、その他、わが国をめぐる厳しい内外の諸問題などを知るにつれ、私自身、社会観が変わっていったように思う」

貧しいのは農村だけではなかった。農村から口減らしのために都心に働きに出たが、思うような仕事につけず、まっとうな生活ができない貧民も激増していた。

戦前の日本では都市部の多くに貧民街があったのだ。たとえば東京には深川、浅草、芝、小

欠食児童　家庭の経済的困窮により、十分に食事を与えられていない子供のことを指す。当時、東北地方を中心に各地で欠食児童が深刻な社会問題となった。その多くは、弁当の時間になると校庭に集まり、時間が過ぎ去るのをじっと待つことが多かった。

石川、下谷、京橋、麻布、牛込、本郷、四谷、神田、赤坂などに貧民街があった。彼らは非衛生的で狭い長屋などに住み、残飯などを食べて生活していた。当時は兵営や軍の学校で出た残飯を買い取る業者がおり、その業者が量り売りしたものを買って食べるのである。このような残飯買い取り業者は昭和5年の時点で東京市内に23軒もあった。

この絶望的な貧富の格差により社会の不満が溜まり、その不満を解消してくれる存在として軍部が台頭していったのである。日本が昭和初期に突き進んでいった戦争には、じつはこうした背景があったのである。

財閥に対する国民の不満が2・26事件を引き起こす

農村や都市生活者が貧しい生活を余儀なくされる一方で、一部の財閥が巨大な富を独り占めしていた。財閥とは特定の一族が巨大な企業集団を形成したものだ。戦前の日本経済は一部の「財閥」が産業全体を支配していた。現在のコンツェルンやコングロマリットと違うところは、株式などの公開度合が少なく「一族経営」の意味合いが強いことだ。

代表的な財閥に三井、三菱、住友、安田などがある。終戦時、三井、三菱、住友、安田の4大財閥だけで全国の会社払込資本金の49・7%を占めており、資産額ではそれよりももっと高い比率を占めていたとされる。日本経済の過半はわずか4つの財閥に握られていたのである。

財閥がなぜできたのか？　そこには日本特有の事情がある。

幕末、無理やり開国を迫られた日本は西洋諸国の企業に負けない企業を即席でつくる必要に迫られた。そこで特定の商人を優遇し、西洋企業に対抗できる力を持たせたのである。商人たちも政府を十二分に利用した。日本に新しい産業を興すために協力はするが、同時に特権もとりつける。そうして財閥という巨大な存在ができてしまったのだ。

たとえば三菱財閥は、はじめ船会社としてスタートした。明治初期の日本の運輸業は外国商船が支配していた。それに対抗するために政府は、三菱に政府保有の大量の船舶を譲渡し、三菱の運輸業を助けたのだ。その結果、明治中期には日本国内の運輸業から外国企業はほとんど駆逐された。

明治初期、日本では生糸が主な輸出産品だったが、生糸を扱う日本の業者は零細なものばかりだった。外国の商社は最初高値で生糸を引き取り、それにつられて生糸業者が全国から生糸

5・15事件　1932年5月15日に起きた反乱事件。海軍青年将校や民間の右翼青年らは、農村の惨状を訴え、政党や財閥の腐敗を批判。武装して総理官邸に乱入し、内閣総理大臣犬養毅を殺害した。
2・26事件　1936年2月26日、陸軍の皇道派青年将校が武力による政治改革を目ざして起こしたクーデター。内大臣斎藤実・蔵相高橋是清・教育総監渡辺錠太郎らを殺害、国会議事堂・首相官邸周辺を占領した。

をかき集めたところで買い控え、生糸相場を暴落させたりもした。外国商社は日本の生糸市場を意のままに操っていたのである。

団琢磨（1858～1932）
工学者、実業家。アメリカで鉱山学を学び三井三池炭鉱の経営を成功させ、三井財閥の総帥となった。1932年3月5日、東京日本橋の三井本館入り口で血盟団の菱沼五郎に暗殺された。

安田善次郎（1838～1921）
実業家。安田財閥の祖。安田銀行（現在のみずほフィナンシャルグループ）を設立、損保会社（現在の損保ジャパン）、生保会社（現在の明治安田生命保険）、東京建物等を次々と設立した。

井上日召（1886～1967）
宗教家、政治運動家、テロリスト。日蓮宗僧侶として近代日蓮主義運動の思想的系譜に連なり、戦前の右翼テロリスト集団「血盟団」、戦後の右翼団体「護国団」の指導者を務めた。

井上準之助（1869～1932）
政治家、財政家。日本銀行第9、11代総裁。第二次若槻内閣で大蔵大臣に就任。1932年2月9日、選挙の応援演説に向かう途中で血盟団の小沼正により暗殺された。

そうした外国商社のやり方に危機感を抱いた日本政府はなんとか対抗策を講じようとした。その意思を汲んで江戸の大商人三井家が大手の貿易会社をつくった。それが三井財閥の総本山「三井物産」の始まりである。

その後、財閥は政府とうまく結びつきながら肥え太っていき、昭和初期には大変な財力を持つにいたった。昭和2年度の長者番付では1位から8位までを三菱、三井の一族で占めていた。三菱財閥三代目総帥の岩崎久彌などは430万円もの年収があったのだ。大学出の初任給が50円前後、労働者の日給が1~2円のころの話である。普通の人の1万倍近い収入を得ていたことになる。

現在のサラリーマンの平均年収が500万円前後なので、その1万倍というと500億円になる。2004年度の長者番付1位が30億円程度の年収なので、その約16倍である。戦前の財閥がいかに金持ちだったかということだ。

さらに戦前の財閥の場合、一族皆が高収入なのである。財閥の中枢を一族が占め、それぞれが高い収入を得ている。しかも当時は、所得税は一律8%だったので高額の収入はそのまま私

岩崎久彌（1866~1955）　実業家。三菱財閥三代目総帥として長崎造船所の近代化や東京・丸の内地区の開発など事業の拡充を図り、麒麟麦酒などの創業にも関わった。また事業部制を三菱合資会社に導入しグループの活性化をもたらした。

財となって蓄積していく。そのため戦前の財閥は雪だるま式に巨大化していった。

当時の国民にとって彼らの存在がおもしろいはずがない。大正デモクラシーや労働運動でも糾弾の対象とされたし、2・26事件などの若手将校の過激思想でも目の敵にされた。そのためテロの標的になることもしばしばあった。安田財閥の創始者安田善次郎は右翼の活動家に暗殺されている。また三井財閥の総帥だった団琢磨《たくま》は昭和7年、血盟団のテロで暗殺されている。

血盟団のテロとは昭和7年に起きた、右翼団体「血盟団」により元蔵相の井上準之助、三井財閥の総帥団琢磨が暗殺された事件である。血盟団は日蓮宗の僧侶井上日召《にっしょう》によってつくられたものである。団琢磨は技術官僚から三井鉱山役員に転身し、総帥にまで上り詰めた。作曲家の団伊玖磨《いくま》は孫にあたる。

昭和2年度の長者番付

1岩崎久彌	三菱合資社長	430万9000円
2三井八郎右衛門	三井合名社長	339万2000円
3三井源右衛門	三井合名重役	180万5000円
4三井元之助	三井鉱山社長	178万3000円
5三井高精	三井銀行等の重役	172万9000円

財閥も世間の風当たりは察知していて、慈善事業を行ったり役員の報酬を引き下げたりしている。たとえば三井信託は昭和5（1930）年、役員の退職金、給与を減額し、それまで25年勤続者の退職金は135か月分の給料だったが、65か月分と半額以下に切り下げた。ボーナスも20〜25％減額した。

こうした給与減額は信託から銀行、物産、鉱山にも適用された。三菱はすでに同様の処置を昭和3年に断行している。それでも財閥と庶民の経済格差は大きく、怨嗟《えんさ》が蔓延した。そのはけ口として「戦争」が求められた面もあるのだ。

結局、財閥は終戦まで永らえたが、戦後GHQの指令により解体させられた。

戦争が起きれば兵士の収入が増えた

当時の日本の国民にとっての戦争は景気が良くなるだけではなく、もっと直接的に生活の糧

大正デモクラシー　日本で1910年代から1920年代に起こった政治・社会・文化の各方面における民主主義の発展、自由主義的な運動、風潮、思潮の総称。
血盟団　茨城県大洗町の立正護国堂を拠点に政治運動を行っていた日蓮宗の僧侶井上日召が1931年、その思想に共鳴する青年を集めて結成した政治結社。政治経済界の指導者をテロで暗殺する性急な国家改造計画を企てた。
三井信託　1924年に設立され、数回の商号変更の後、2000年に中央信託銀行が三井信託銀行を併合するかたちで、中央三井信託銀行として現在にいたる。三井住友トラスト・ホールディングスの傘下。

を得る手段でもあった。貧しい農村の人々にとって軍は貴重な働き口の一つだったのだ。

現代ならば仕事がなくても自衛隊に入隊する人はあまりいない。短期間でまとまった金を貯金したい、重機などの資格を取りたい、という人くらいしか自衛隊に入りたがろうとはしない。しかし戦前は普通に働き口として軍隊を選ぶ人が多かったのである。入隊を嫌がる人もいたが、自分から進んで入隊する人も大勢いた。それだけ働き口が少なかったのである。

当時の少年が「将来は軍人になりたい」と口にするのは珍しいことでもなんでもなかった。そして軍人になる人は貧しい家の出が多かった。軍隊に入ればとりあえず生活の保障がしてもらえるからだ。また秀才でも上級学校に行けない貧乏な子供は士官学校や幼年学校を目指した。軍の学校に入れば学費は無料の上、給料までもらえたからだ。

二男三男で働き口がなく軍人になったものは非常に多かった。そのため軍人やその家族は日本社会のなかでかなり大きな比率を占めていた。

農家の出身者のなかには「農業よりも兵隊のほうが楽だ」というものも多かった（『在郷軍人会』藤井忠俊著・岩波書店など）。それだけ当時の日本社会では生活していくことが大変だったのである。それらの兵士たちにとって戦争は大きな収入を得るチャンスでもあったのだ。

彼らの報酬は非常に安かった。士官学校は帝大と同じかそれをしのぐほどの狭き門だったとされている。卒業した人たちはエリートに属する人のはずだ。しかし彼らの収入も他の役人や大企業などと比べると低いレベルだった。

次ページ表のように少尉は月給75円しかなく一軒家を借りられなかったので、ほとんどが下宿住まいだった。大尉になってやっと長屋を借りられる程度だった。文官（ほかの公務員）と比較すれば軍人がかなり冷遇されているのがわかる。文官はそもそもの基本給が高く設定されている上に昇格が早いのだ。

戦時中、大本営の参謀だった瀬島龍三によると、少尉時代は月給60円ほどで部隊での食費代そのほかを引かれると手取りで30〜40円くらいしか残らず、そのなかから下宿代などを払わなければならないので月末には銭湯代5銭がなかったこともあったという。

士官学校を出たエリートではなく普通の兵隊として軍隊に入った人はさらに悲惨である。図表のように兵卒の月給は4〜5円で丁稚奉公の報酬よりも少ない。家から6〜7円の送金をしてもらうものも多かった。

また軍人には恩給という制度があったが、これも安かった。退職したときの報酬を基準に決

軍人優遇論　思想家、政治家の武藤山治（1867〜1934）が著した書物『軍人優遇論』（実業同志会調査部刊）。武藤は三井財閥に招かれ日本の紡績王として34年間会社経営に携わり「経営家族主義」と「温情主義」の日本的経営論を提唱・実践した。

軍人と官僚の報酬（月額）

		武官（軍人）	文官（軍人以外の官僚）
大佐クラス		**383円**	**375円**
中佐		**300円**	**316円〜341円**
少佐		216円	258円〜283円
大尉	**1等**	**175円**	**200円〜225円**
	2等	150円	
	3等	133円	
中尉	**1等**	**100円**	**150円〜166円**
	2等	85円	100円〜116円
少尉		75円	

下士官、兵卒の報酬（月額）

		営内居住者	通勤者
曹長	**一等級**	**39円**	**63円**
	二等級	**34.5円**	**60円**
	三等級	30円	57円
軍曹	**一等級**	**22.5円**	**51円**
	二等級	**18円**	**48円**
	三等級	15円	45円
	四等級	13.5円	42円
伍長	**一等級**	**10.5円**	**39円**
	二等級	**9円**	**37.5円**
兵卒	**上等兵一等**		**34.5円**
	上等兵二等	**5.4円**	**33円**
	一、二等兵	4.5円	

められるのでインフレが重なると生活はあっという間に苦しくなる。昭和2年に発行された『軍人優遇論』（実業同志会調査部刊）では日露戦争で戦死した遺族の恩給がわずか50〜60円に過ぎず、「これでは国は滅びる」と書かれている。

退役した軍人には保険の勧誘員になるものも多かった。退役軍人が勧誘にくれば一般の人たちはおいそれと追い返すわけにはいかない。そうやって退役軍人たちは生活費の不足分を稼いでいたのだ。

昭和初期に軍が暴走し、戦争を泥沼化させていったのは軍人の低収入が大きな要因なのではないかという説もある。戦争になると軍人に特別手当が支給され軍人は潤うからである。

昭和初期の戦争が、すべてここに原因があるわけではないだろうが一因ではあるだろう。

第6章

世界経済を壊したアメリカ

貿易の勝ち逃げをしたアメリカ

第二次世界大戦の要因の一つとして1929年の世界大恐慌が挙げられる。この世界大恐慌は、単に「アメリカのバブル崩壊」として片づけられることが多い。しかしこの世界大恐慌は決して偶発的なものではなく、当時の世界経済が抱えていた矛盾が一気に噴き出したものだといえる。この世界経済の矛盾に関してアメリカの責任は大きい。

大雑把に言うならば、アメリカが世界経済の秩序を壊したために世界経済は破綻したといえる。というのは、アメリカは国際経済における大事な義務を放棄していたからだ。「貿易の勝ち逃げをしてはならない」という義務である。もしこの義務を怠れば世界経済は回っていかない。アメリカは当時の国際金融のルールを無視して、ひたすら自国に富を貯め込んだ。それが世界経済にさまざまなひずみをもたらし、破綻を招いたのである。

なぜアメリカが貿易の勝ち逃げをし、富の独り占めをしていたのか？　その経緯を説明したい。

アメリカの経済は第一次大戦で大きく成長した。本土は戦争による被害をまったく受けなかった上に、連合国に莫大な軍需物資を売りつけ、世界一の債権国になった。アメリカが世界の大国になったのはこのときからだ。そしてアメリカには大量の金が入ってきた。金本位制のもとでは、金が流入すればそれだけ通貨量を増やさなければならない。金本位制とは次のようなシステムで各国の通貨の安定が図られるようになっている。

貿易黒字により、その国の金の保有量が増える

↓

その国の通貨量が増える

その国はインフレとなり輸出品も割高になる
←
国際競争力が落ち貿易黒字が減る
←

金本位制をとる国々はこの手順をとることで、お互いの通貨を安定させてきたのである。しかしアメリカはこのルールを破った。アメリカは自国内でインフレが起きることを懸念し、金が流入しているにもかかわらず通貨量を増やさなかったのだ。1922年8月以降、流入した金は連邦準備銀行の金準備に含めないようにしたのである。そうするとどうなるか?

アメリカには金が大量に入ってくるにもかかわらず国際競争力は落ちない。アメリカの貿易黒字はますます増え、金がますます流入してくる。

1923年の末には世界の金の4割をアメリカが保有していたのである。その後、第二次大戦終了までアメリカの金保有量は増え続け、最終的に世界の金の7割以上を保有するにいたる。

アメリカのせいで世界の金融がおかしくなる

アメリカばかりに金が集まると世界各国で金が不足する。金本位制のもとでは金が少なくなると、その分、通貨を減らさなくてはならない。そのため金の減少が続くと通貨の流通に支障をきたすようになる。デフレ状態になり産業が沈滞してしまう。金が不足している国は他国から物を買えなくなるために貿易も収縮する。

つまりアメリカが「世界貿易の通貨」である金を貯め込んでしまったことが世界を恐慌に陥れる強い「負のエネルギー」となったのである。なぜアメリカは世界の迷惑を顧みず、これほど金を貯め込んだのか?

それには大きく二つの理由がある。

当時の国際経済の常識として、どこか一国が貿易黒字を貯め込むことが悪いことだという認識はなかったのである。現在もその考えを持っている経済学者、政治家も多い。だからアメリカは貿易黒字が膨らみ、金を貯め込んでも、それを積極的に吐き出そうとか他国の金不足を支

連邦準備銀行　アメリカの連邦準備制度を構成する中央銀行。全国に12行設置。その下部には約5700の加盟銀行が属している。主要業務は加盟銀行法定支払準備金の保有、連邦準備券の発行、手形割引、貸出し、公開市場操作、国庫代理店など。

援しようという試みはほとんど行われなかったのである。

そもそもアメリカは貿易をそれほど必要としない国だった。資源も多く、広い農地もある。工業化も進んでいる。1929年のアメリカのGNPに対する貿易の割合は輸出が5％、輸入が3・4％にすぎなかった。

つまり当時の世界貿易のなかでは、世界各国はアメリカの産品を必要としているが、アメリカは他国から買わなければならないものはとくになかったのだ。だからアメリカには金が貯まる一方になってしまった。1920年代のアメリカはバブル状態になっていたが、それはアメリカに金が集まりすぎたことも大きな要因なのである。しかしアメリカの金貯め込み政策は、結局アメリカ自身の首をも締めることになった。

1920年代のアメリカはなぜバブルになったのか？

1920年代のアメリカの株式バブルについては、さまざまな本でさんざん語られているので、本書であまり言及する必要はないだろう。ただアメリカ株式市場のバブルはその後の世界経済に大きな影響を与えたことなので、まったく避けるわけにもいかない。ここではドイツ経済とアメリカの株式市場のバブルの関わりを中心に、その経緯を説明したい。

アメリカは世界大恐慌前までは積極的にヨーロッパに投資を行っていた。とくにドイツは賠償金の支払いやそのための経済復興が急務だったので、アメリカから積極的に投資を受け入れた。もともとドイツは工業大国であり、復興さえ果たせば大きな経済成長が見込める国である。それを見越してアメリカの投資家はこぞってドイツに投資をしたのである。

しかし、1920年代後半からアメリカの株式市場が過熱していき、ドイツに投資された金がアメリカの株式市場に流れ込むようになっていた。アメリカ連邦準備銀行は株式市場の過熱を冷まさせるために金利の引き上げを行った。しかしこれが裏目に出てしまった。高い金利を目あてにして、さらにアメリカへの投資が増える結果になったのである。

そのためアメリカの株式市場バブルはますますバブルになってしまった。つまりアメリカのバブルは次のような経緯をたどっているのだ。

アメリカの好景気で株式市場が過熱する

↓

アメリカ連邦準備委員会が過熱を冷ますために金利を上げる

↓

高金利に惹かれて世界中から資本がアメリカに集まる
↓
株式市場がますます過熱する

そして1929年、このバブルが崩壊してしまったのである。

世界を大恐慌に陥れたアメリカは、さらにその被害を甚大にさせる政策を行う。ニューヨーク・ウォール街での株価大暴落の翌年の1930年6月、アメリカはスムート・ホーリー法を成立させる。スムート・ホーリー法とは、アメリカの輸入に関して約2万品目の関税を大幅に引き上げる法律である。世界大恐慌によって打撃を受けたアメリカの農業を救うことが目的だった。

このスムート・ホーリー法によってアメリカの平均関税率は40%以上にも達してしまった。当時、すでにイギリスが日本のインドへの綿製品輸出に高関税を課すなど世界の保護貿易化は始まっていたが、これほど大々的に、なおかつ強烈に保護貿易政策を打ち出したのはアメリカのスムート・ホーリー法が初めてである。

当然、アメリカに輸出をしていた国々は大きな打撃を受けた。もちろん日本もその例外ではなかった。アメリカのこの処置に報復するため、世界各国が関税を引き上げた。そのために世界貿易は大きく縮小し、世界中の国々の経済が混乱、疲弊したのである。イギリスもスムート・ホーリー法への対抗処置として1932年にオタワ会議を開催し、イギリス連邦以外の国に対しては高い関税を課すことを決定した。

ここで世界貿易はブロック経済化してしまった。そしてドイツにはナチス政権が誕生し、アジアでは日本が中国全土に兵を進め始めたのである。

アメリカ国民は戦争を欲していなかった

日本が中国に進出してもアメリカはすぐに対日戦争をしようとは考えていなかった。というよりもアメリカには戦争ができない事情があったのだ。

太平洋戦争が始まる1年前、つまり昭和15（1940）年のことである。アメリカでは大統領選挙が行われていた。それまで2期大統領を務めていたフランクリン・ルーズベルトは民主党の大統領候補として3選を目指していた。この選挙戦の大きな争点の一つが「アメリカの参戦」だった。すでにヨーロッパでは第二次世界大戦が始まっており、アメリカがこれに加担す

フランクリン・ルーズベルト（1882～ 1945）
第二次世界大戦時のアメリカの第32代大統領。ニューディール政策と第二次世界大戦への参戦による戦時経済はアメリカ経済を世界恐慌のどん底から回復させた。

るかどうかは国民の最大の関心事になっていた。

アメリカ国民のほとんどはアメリカがヨーロッパの戦争に参加することを嫌っていた。アメリカ自身はなんの被害も攻撃も受けていない戦争に参加するのはアメリカ国民にとってバカバカしいことだった。というより、自国とは直接関係のない戦争で自分や家族が戦場に行かされてはたまったものではないと考えていた。

第一次大戦ではアメリカは終盤に参戦している。ヨーロッパ諸国よりも被害は圧倒的に少なかったとはいえ10万人以上のアメリカ人が犠牲になっている。

「自分の国と直接関係のない戦争で犠牲になるのはこりごりだ」

という空気がアメリカ中に蔓延していたのだ。そのため民主党のフランクリン・ルーズベルト、共和党のウェンデル・ウィルキーの両候補とともに「アメリカは今度の戦争には絶対に加わらない」と明言していた。

「皆さんの息子が外国のいかなる戦争にも送りこまれることはない」

ルーズベルトは選挙演説でそう公約したのである。つまり太平洋戦争1年前のアメリカは大統領が明確に「戦争はしない」と言い切っていたのである。

アメリカにはさらに外国の戦争に加担できない束縛があった。それは中立法である。昭和10（1935）年にルーズベルト自身が署名して成立したこの法律では、アメリカは戦争中の国、内乱中の国に対しては武器の輸出をしないこと、戦闘地域にアメリカの艦船が入ってはならないこと、商船は武装してはならないこと、軍艦が商船の護衛をしてはならないことなどが定められていた。

中立法はアメリカが外国の戦争に巻き込まれないためにつくられた法律である。第一次大戦での経験によってつくられたものだった。第一次大戦ではアメリカはイギリスなどに支援をしたためにドイツの潜水艦に狙われ、それがアメリカ参戦の要因の一つとなった。

そのためアメリカは中立の立場を守るために戦争中の国には決して武器の支援などはしないと定めたのだ。

ウェンデル・ウィルキー（1892〜1944）アメリカの政治家、弁護士。ニューディール政策に反対し、ドイツに対する強硬姿勢およびイギリスに対する支援、徴兵制を主張。ルーズベルトが国防予算の増額、徴兵制の導入を提案すると大統領への支持を表明した。

つまり当時のアメリカは非常に戦争に参加しにくい国だったのである。

日本の最大の輸出相手はアメリカだった

日本が満州事変を起こして満州国をつくり、日中の戦闘が中国全土に拡大しても、当初アメリカは抗議はするが、それほど強硬な姿勢は見せていなかった。

戦前の日本とアメリカはじつは経済的に深いつながりがあった。日本とアメリカは満州、中国での権益では対立していたが貿易に関して両国はお互いを必要としていたのだ。

第一次大戦終結から第二次大戦開始までの「戦間期」、日本の最大の輸出相手はアメリカだった。なんと日本の輸出全体の4割をアメリカが占めていたのだ。アメリカにとっても日本はカナダ、イギリスに次いで三番目の輸出相手だった。貿易において日本とアメリカはお互いが「お得意様」だったのである。アメリカの日本への輸出は中国への輸出の22倍もあった。また当時アメリカ領だったフィリピンへの輸出と比べても3倍もあった。

つまり経済的に見れば、アメリカにとって日本はアジアで最大の貿易相手であり、中国よりもはるかに大事な相手だったのである。日本が満州事変などを起こしてもアメリカがそれほど強硬な態度を取らなかったのも相互の貿易の重要性が大きな理由の一つといえる。

日本側にも「アメリカは満州のことで戦争まではしてこないだろう」という計算があった。アメリカにとっては満州よりも日本のほうがはるかに大事な市場だったからだ。

このように日米はお互いが重要な貿易相手だったが、どちらが相手への依存度が高いかというと圧倒的に日本のほうだった。日本は石油などの重要物資をアメリカに依存しており、またアメリカが日本の繊維製品などを買ってくれることで経済を回していた。当時から日本経済はアメリカ抜きでは成り立たない状態だったのである。

アメリカ側は、日本はお得意様の一人ではあったけれども日本と貿易を止めてもそれほど困るわけではなかった。だからアメリカは日本への外交交渉のカードとして最終的に「通商」を使ってきたのである。

アメリカが激怒した「東亜新秩序」

満州事変以降、日本は堰《せき》を切ったように中国での戦争を拡大した。

昭和12（1937）年12月、南京陥落、昭和13（1938）年12月には中国国民党政府の重要拠点である武漢と広東も攻略してしまう。そして昭和13（1938）年11月に世界に向けて重大な発表を行う。いわゆる「東亜新秩序」の宣言である。

「蔣介石の国民党政府はすでに地方の一政権にすぎず、それに代わって日本が東アジア（中国）の永遠の安定を目指して新秩序を建設する」

と宣言したのだ。

そして「9か国条約などに違反している」というアメリカの抗議に対して、同年11月18日、有田八郎外務大臣が次のような回答をした。

「今、東アジア（中国）の状況は大きく変わり、以前の原則では東アジアの平和は保てない」

日本はアメリカ、イギリスなどと結んできた中国における協定をすべて反故にしたのである。東アジアでは日本が中心になって新しい秩序を建設すると宣言したのだ。つまり満州国の秩序を中国全土に広げようといった主旨だった。この宣言がアメリカの逆鱗に触れたのである。

日本が東アジア全体を支配することになれば、アメリカは大きな市場と資源を失ってしまうことになる。また日本は東アジア全体を支配することでアメリカへの依存度をなくして自立することになる。そうなれば日本はアメリカの言うことをまったく聞かなくなるだろう。アメリカとしては絶対に許せないことだった。

「東亜新秩序の発表」を機にアメリカは日本に対して強硬姿勢を取るようになる。翌年の昭和14（1939）7月、アメリカは日本との通商条約破棄を通告し、直接の攻撃を加えないものの蔣介石への積極的な支援を展開した。

ヨーロッパ市場から締め出される恐怖

ヨーロッパでもアメリカの神経を強く刺激する出来事が起こっていた。

ヨーロッパで戦争が始まった当初、アメリカは中立を決め込んでいた。1939年に英仏がドイツに宣戦布告をして以来、ドイツは破竹の勢いでヨーロッパ中を席巻し、フランスはわずか2か月で降伏、イギリスは大陸から本国に逃げ帰った。状況的に見てイギリスが降伏か和平をするのは時間の問題と思われていた。

アメリカはイギリスから再三再四、ヨーロッパ戦線への参戦を求められていたが、首を縦に振らなかった。

ドイツにそれほど恨みがあるわけではないし、アメリカからドイツに投資をしている企業、投資家もたくさんいる。ドイツに子会社を持っているフォードやGMなどはドイツが戦争を始

有田八郎（1884~1965）外交官、政治家。戦前は「アジア派」の外交官として知られ、広田内閣時代に蔣介石の国民政府との防共協定を提案。近衛内閣時代に東亜新秩序の建設表明をした。日独伊三国同盟には反対したが、戦後は革新陣営に属し再軍備に反対した。

めても以前とまったく変わらずドイツ子会社を営業させ続けていた。アメリカにとってドイツと戦わなければならない理由が見当たらないのである。

前述したように、当時のアメリカは孤立主義、欧州戦争への不参加方針をとっていたので、議会が参戦に賛成する雰囲気ではなかったのだ。

しかし、ある出来事を境に状況は一変することになった。

1940年7月にドイツが「欧州新経済秩序」を発表したのだ。欧州新経済秩序とはドイツの占領地域ではマルクを通貨とし、マルク通貨圏内では資本、労働力、商品の往来を自由にするという今のユーロのような計画だった。この欧州新経済秩序は金本位制を離れた金融制度、つまり今の管理通貨制度のような金融システムをとることになっていた。

じつはこの欧州新経済秩序はアメリカにとってこの上もなく嫌な制度だったのである。世界の金の4割を持っていたアメリカは、世界の金融が金本位だったからこそ世界一の繁栄を謳歌できていたのである。もし欧州新経済秩序がグローバルスタンダードになり、どこの国も金本位制を使わないようになるとアメリカの金は持ち腐れになってしまう。そしてドイツのマルクが欧州中で使われるようになると、ドイツの工業製品がヨーロッパ市場を独占することは目に見えている。

当時、世界一の工業国はアメリカだったが、それをドイツが猛追していた。ドイツがその地理的有利を生かしてヨーロッパ市場を独占すればアメリカの工業製品は行き場を失い、産業界は大きなダメージを被るはずである。つまりドイツがフランスを占領したころにはアメリカにとって第二次世界大戦は「対岸の火事」ではなくなっていたわけである。このままいけばヨーロッパ市場を失い、せっかく手に入れた経済大国の地位を失ってしまう。その恐怖がアメリカを戦争へと駆り立てたのだ。

ドイツが新欧州経済秩序を発表したわずか2か月後の1940年9月、アメリカのルーズベルト大統領はイギリス、カナダと「駆逐艦・基地協定」を結んだ。この「駆逐艦・基地協定」はイギリス軍基地を99年間使用する代わりに50隻の駆逐艦を供与するというものである。戦争当事国に武器を供与するという行為は、国際法上は「宣戦布告」に近い。少なくとも「中立」とはみなされない。アメリカは参戦へ向けて発進したのである。

武器貸与法という宣戦布告

それでもアメリカはすぐに参戦するわけにはいかなかった。前述したように、アメリカ国民の多くはヨーロッパやアジアでの戦争に関わることを嫌っていたからだ。そのためアメリカは日本とドイツを挑発し、戦争に持ち込もうと画策した。

ルーズベルトは1941年3月に「武器貸与法」という法律を成立させる。この武器貸与法は「大統領がアメリカ防衛のために必要だと考えた場合は戦争中の国を支援できる」という法律である。具体的に言えば、連合国であるイギリス、フランス、中国、そしてドイツと戦争中だったソ連に、軍需物資の支援をする法律である。この武器貸与法の成立により「中立法」はほとんど骨抜きになってしまった。アメリカは公然とイギリスに対して武器などを送るようになったのだ。

戦争をしている国に対して武器などを支援するのは、じつは当時の国際法では参戦しているのと同じ扱いにされるものだった。国際法上、相手国はその支援を妨害したり輸送船を攻撃することもできるのである。だからアメリカの輸送船はドイツの潜水艦から攻撃を受けても文句は言えない状況にあった。事実上、ドイツに宣戦布告をしているも同然の状態だったのである。

しかしルーズベルトは国民との約束があったので「あくまでこれは戦争ではない。支援しているだけ」と言い張った。そして中立法のギリギリの抜け穴をついて危険な輸送業務を開始した。中立法ではアメリカの輸送船に軍艦の護衛をつけることは不可とされていた。軍艦の護衛をつければ相手国と戦闘になるかもしれないし、そもそも戦闘地域にアメリカの輸送船が入ってはならないとされていたからだ。

ルーズベルトは、実際は戦闘地域なのに「アメリカの商域である」と言い張って輸送船を送り込んだ。軍艦の護衛をつける代わりにパトロールの名目で軍艦を派遣した。艦隊を輸送船団の周囲に張り込ませ、なにかあったらすぐに駆けつけられるようにしたのである。事実上の護衛だが、ルーズベルトは「これはパトロールに過ぎない」と、とぼけたのだ。

このアメリカの挑発に対してヒトラーのドイツは辛抱強く耐え忍んだ。ルーズベルトの狙いは明らかだった。ドイツ軍にアメリカの商船や軍艦を攻撃させて「ドイツが先に攻撃した」として参戦に持っていこうとしたのだ。

ドイツとしては敵対国に支援している輸送船を撃沈させたり、護衛艦を攻撃するのは国際法上、認められている権利である。また戦略的に見てもイギリス、ソ連への輸送物資を断ち切る必要があったが、アメリカに手を出してしまえばアメリカに参戦する口実を与えてしまう。だからドイツ軍はアメリカの傍若無人な振る舞いに対して我慢強く対処したのである。

在米資産凍結の破壊力

アメリカの挑発は日本に対しても強烈なものがあった。昭和16（1941）年7月24日、日本はフランスのヴィシー政権から無理やり同意を取り付けて南インドシナに進駐を開始していた。南部仏印は軍需物資である生ゴムの生産の90％、錫の生産の60％を占めていた。ここを日本に抑えられればアメリカとしても打撃は大きい。そのため日本の南部仏印進駐を境にアメリカは一気に対日戦争に傾いていく。

日本の南部仏印進駐開始の2日後、アメリカは日本に対し「在米資産の凍結」を行った。そしてイギリスやオランダも日本に対して同様の処置を講じた。この資産凍結は日本経済を破壊するほどの凄まじい威力があった。事実上の宣戦布告だったと言ってもいい。昭和天皇の側近で、戦時中、内大臣を務めた木戸幸一は、この「資産凍結」のことを東京裁判で次のように述べている。

「歴史上、経済封鎖がこれほど大規模に、またこれほど意図的に計画的に綿密な調整の下に実行させられた例を我々は知りません」

「重責を担う日本の指導者たちは真剣に、また嘘偽りなく、自国が存亡の危機にあると確信したのであります」

資産凍結とは日本の政府や個人、企業がアメリカに持っている資産はすべてアメリカ政府の管理下に置くということである。これだけを見ると、単に「アメリカに置いていた金目のものが取り上げられるだけだろう」と思われがちである。

しかし在米資産凍結の影響はそんな生易しいものではない。日本が国際貿易から締め出されるのと同じ意味を持っていたのだ。

というのも、当時のアメリカ・ドルは、世界で唯一の国際通貨といえるものだった。国際貿易を行うには、ドルが不可欠だったのだ。そのドルが、在米資産凍結によって、ほとんど使えなくなってしまったのだ。貿易で成り立っていた日本は国家経済の根幹を揺るがす事態となった。

なぜアメリカ・ドルはそれほどの力を持っていたのか？

なぜ在米資産凍結で日本はドルが使えなくなったのか？　それを順に説明したい。

第二次世界大戦前まではイギリスのポンドとアメリカのドルが主な国際通貨だった。日本の円は満州や中

木戸幸一（1889〜1977）
官僚、政治家。侯爵。昭和天皇の側近の一人として東条英機を首相に推薦するなど太平洋戦争前後の政治に関与した。敗戦後に戦争犯罪容疑で逮捕され、東京裁判において終身刑となったが後に仮釈放された。

ヴィシー政権　第二次世界大戦中、ドイツ占領下におけるフランスの政権（1940〜1944）。フランス中部の町ヴィシーに首都を置いたことから呼称された。ドイツの傀儡政権で「ヴィシー・フランス」とも「ヴィシー体制」とも呼ばれる。

国の占領地域などでは通用したが他の地域の取引では通用しなかった。

昭和15（1940）年、ヨーロッパで第二次世界大戦が勃発するとヨーロッパと日本との貿易は非常に難しくなり、イギリスのポンドはその利用価値が大きく低下した。

そのためアメリカのドルが当時の日本にとって唯一と言っていい国際通貨だったのである。南米諸国、オランダ領東インド諸島などでも貿易の支払いはドルを使うことが多かったのだ。たとえばオランダ領東インド諸島政府と日本は貿易の輸出入の差額については定期的にドルで清算する取り決めを昭和15（1940）年に交わしていた。そして日本は貿易の決済をするために横浜正金銀行のニューヨーク支店にドルを集中的に置いていたのだ。前述したように、アメリカは当時の日本の最大の貿易相手であったし、南米も重要な貿易相手だった。横浜正金銀行ニューヨーク支店は南北アメリカとの貿易をはじめとする国際貿易の「金融センター」の役割を持っていたのだ。

この横浜正金銀行ニューヨーク支店が在米資産凍結のためにまったく機能しなくなったのである。

事実上の経済封鎖を受けた日本

当時、すでにアメリカは日本との通商条約を破棄し、貿易制限などを行っていたが、日本とアメリカの貿易は完全に途絶していたわけではなかった。アメリカからの石油輸入も量をかなり限定されてはいたが続けられていたのだ。ところが金融資産凍結によって、それが事実上不可能になったのである。アメリカから石油を輸入しようとしても金融資産が凍結されているため、その代金が払えなくなったのだ。

貿易の決済を担っていた横浜正金銀行ニューヨーク支店は貿易代金を払う分のお金は凍結解除してくれと何度も懇願した。しかしアメリカ当局はさまざまな理由をつけて認めなかった。

当時日本は石油、木材、食糧などのアメリカからの輸入許可証を得て、船に積載していたが、支払いができないため船はアメリカの港に停泊したまま留め置かれた。

それまでアメリカが行っていた貿易規制には抜け穴があった。貿易規制はアメリカから日本

横浜正金銀行　貿易金融・外国為替に特化した銀行。外国為替システムが未確立だった当時、日本の不利益を軽減するよう現金で貿易決済を行うことを主な業務としていた。横浜市中区に本店を置いた。東京銀行（現在の三菱ＵＦＪ銀行）の前身とされる。

に直接輸出されるものしか対象とはならなかったので、日本は中立国から間接的にアメリカの物品を輸入することができた。しかし金融資産を凍結されたために事実上それもできなくなった。中立国も貿易の決済はドルを使うことが多く、ドルを使えない日本は中立国からの輸入もできなくなったのだ。

日本はアメリカの輸出規制が始まってから中国の企業を使ってアメリカから石油を輸入させ、それを日本に持ってくる方法を使うこともあったが、これも資産凍結のために不可能となった。中国の在米資産も凍結されたからである。

中国国民党政府からアメリカ政府へ「中国人の資産も凍結してくれ」と要請があったのだ。日本が中国の占領地域で企業を自由に操り、中国籍の企業や商人の名義でアメリカに資産を持っていることが多々あったからだ。

これで日本が中国企業を隠れ蓑にすることもできなくなった。

日本もアメリカが日本人の在米資産を凍結するのではないかという予想はしていた。そのため1年前からアメリカにあった金融資産をほかに移してはいた。アメリカ政府の調査によると、1940年には横浜正金銀行ニューヨーク支店には1億6000万ドルがあったという。それが1941年5月には9000万ドルに減り、資産凍結が行われた時点では2900万ドルになっていた。つまり1億3100万ドルが資産凍結前にどこかに移されていたのだ。

この1億3100万ドルのうち6900万ドルは対米貿易赤字の支払いに充てられたとみられるが、残りの6200万ドルはどこかへ移されたのだ。

じつはその一部はブラジル銀行に移されていた。日本の南米との取引の中心地はブラジルだった。横浜正金銀行は昭和15（1940）年末くらいからアメリカに持っていたドルをブラジル銀行に移し始め、金融資産凍結が行われる直前の半年間で1200万ドルをブラジル銀行に振り替えていたのだ。

ところが、アメリカが日本の金融資産凍結に踏み切ると、ブラジル政府もアメリカに追随し、日本がブラジルに持っているドルの移動を禁止してしまった。ブラジルは日本に対し自国通貨との交換にのみ応じた。つまり日本がブラジルに移したドルはブラジルへの輸出代金の支払いにしか使えなくなったのだ。日本が移した他のドルも、その多くは当時急激に増えていた南米などからの輸入代金に消えたと見られる。

当時、上海は金融の自由市場となっており、ドルや中国の元が自由に取引されていたので日本は元を買い、その元でドルを買うこともできた。しかし、ここにもアメリカ政府の目が光り、大規模な取引はできなかった。日本が手に入れられるドルは微々たるものだったのである。

横浜正金銀行ニューヨーク支店の破綻が日米開戦を招いた

アメリカの「日本の在米金融資産凍結」は、すぐに日本に強烈な打撃を与えた。横浜正金銀行ニューヨーク支店が危機的状況になったのである。

横浜正金銀行は戦前の日本の外国為替業務を一手に引き受けていた「国策銀行」である。そのニューヨーク支店は日本の貿易のカナメともいえる存在だった。横浜正金銀行は日本がドル建てで発行した公債の引き受けなどを行っており、昭和16（1941）年の年末までに公債の利払いと償還金を850万ドル支払わなければならなかった。しかし横浜正金銀行には600万ドルの手持ち資金しかなかったのだ。通常ならば850万ドルの支払いに窮するはずはなかったのだが、アメリカ政府の金融資産凍結により日本からアメリカへの輸出代金など約2000万ドルの受け取りができなくなっていた。

アメリカには日本から生糸などの輸出品が届いており、横浜正金銀行はその積み荷の所有権を持っていた。積み荷を輸入業者に引き渡し、輸入業者から代金が横浜正金銀行に支払われれば横浜正金銀行が破綻するようなことはなかったが、積み荷は港で留められていた。アメリカの財務当局がさまざまな理由をつけて、積み荷の代金の支払いをストップさせていたのである。

そのために横浜正金銀行は窮地に陥った。

昭和16（1941）年10月24日、駐米財務官の西山勉はアメリカの国務次官補のディーン・アチソンから「横浜正金銀行のニューヨーク支店が破綻すること」「アメリカが凍結している日本の保有ドルは恒久的に封鎖されること」を聞かされた。西山勉は満州中央銀行総裁などを務めた後、戦後GHQにより公職追放を受け、追放解除後は駐インド大使を務めた官僚である。

横浜正金銀行ニューヨーク支店が破綻することは日本の国際貿易が終わることを意味していた。前述したように、当時ドルは世界貿易の通貨であり、横浜正金銀行のニューヨーク支店は日本の保有しているドルの集中管理センターのような役割を果たしていたのだ。このドル管理センターが破綻すれば世界の多くの地域での貿易が不可能になる。もちろん、それはアメリカも知っていた。というより、アメリカはわざと日本の貿易のカナメを攻撃したのである。

ディーン・アチソン
(1893〜1971)
アメリカの弁護士、政治家。トルーマン大統領の下で国務長官を務めた。一貫して反共主義の立場を取ったが、対日占領政策における天皇制存続には批判的だった。

西山勉（1885〜1960）銀行家、官僚。1907年に横浜正金銀行入行後、大蔵省（現・財務省）アメリカ駐在財務官を務める。満州中央銀行総裁などを歴任、戦後GHQにより公職追放を受ける。追放解除後は駐インド大使を務めた。

御前会議　太平洋戦争終結時まで国家の緊急な重大事件に際し、天皇の出席のもとに行われた元老、主要閣僚、軍部首脳の合同会議。法制上の規定はない。1894年日清戦争開戦以来、三国干渉、日露戦争などの際に開催。（白川一郎画）

横浜正金銀行ニューヨーク支店の破綻が決定的になったとき、日本は「日米開戦」を決断したのである。この一週間後の11月1日、御前会議により「日米開戦」が決定した。当時はまだ日米交渉が続けられており、またハル・ノートも実際は最後通牒ではなかったのではないか、と解釈する歴史家もいるが、アメリカの在米資産凍結を巡る動きをみる限り、アメリカの戦意は固かったといえる。日本としては服従か開戦かの選択肢しかなかったのだ。

ハル・ノート　1941年11月における日米交渉で、アメリカ国務長官コーデル・ハルによってなされた提案。日本の中国およびインドシナからの全面撤退、中華民国政府以外のいかなる政権も認めないなどアジアの状態を満州事変前に戻せという内容。

第7章

なぜアメリカが世界の石油を握っていたのか？

なぜアメリカが石油を握っていたのか？

第二次世界大戦では「石油」が重要なキーワードになっていることはよく知られた事実である。

「日本は石油の輸入の大半をアメリカに頼っていたが、アメリカが日本の中国進出などに対する制裁として石油の輸出禁止を行った。それが日米開戦のきっかけになった」

これが日米開戦の理由として言われているもっとも標準的なものである。しかし、これを見

東郷艦隊
東郷平八郎（1848〜1934）率いる日本の連合艦隊。戦艦４隻、巡洋艦29隻、駆逐艦26隻と中型や小型で速度の出る船を多く所有していた。1905年５月27日、対馬海峡でバルチック艦隊をほぼ全滅させた。

て二つの疑問が湧かないだろうか？

まず一つ目は、なぜ「石油」なのか、ということである。日米開戦のわずか35年前、日本は国の運命を賭けるような大戦争「日露戦争」を行った。この日露戦争では石油はまったく関係なかった。ロシアのバルチック艦隊も、それを破った日本の東郷艦隊も動力源は石油ではなく石炭だった。陸戦では石油どころか石炭さえ、ほとんど使う機会はなかった。日露両国とも石油のことなどまったく気にすることなく戦っていたのだ。たった35年の間に、なぜ石油がこれほど重要な物資になっていたのかが疑問の一つである。

もう一つの疑問は、なぜ日本はアメリカから石油の大半を輸入していたのか、ということだ。現在、日本は戦前以上に石油を消費しているが、その大半は中東からの輸入である。現代人の感覚から見れば「産油国」といえば中東である。だからアメリカが石油を輸出してくれないのであれば、なぜ中東から石油を買わなかったのか？　そういう疑問が生じてくるはずだ。

この疑問には当然答えがある。

石油が急に世界の重要物資になったのも、当時日本が石油輸入をアメリカに頼っていたのも、それなりの理由があるのだ。この疑問の答えを追うことで、アメリカがなぜ超大国に成り上がっていったのか、その理由も明らかになっていく。

第一次世界大戦でエネルギー革命が起きていた

「石油」の存在を大きく変えたのは第一次世界大戦だといえる。第一次世界大戦は戦争のかたちを変えた。それまでの戦争は陸上では兵士同士が銃器を撃ち合い、海上では軍艦同士が砲撃し合うものだった。そして物資や人員の輸送は馬車が担っていた。それが数々の「新兵器」の登場によって戦いの様相が一変したのだ。

1916年9月、イギリス軍がソンム会戦に戦車を49台投入した。それから終戦までのわずか2年の間にその数は数千台に膨れ上がっていた。また開戦当時、各国はまだ物資輸送は自動

バルチック艦隊　旧ロシア海軍のバルト海に展開する艦隊。日露戦争の折にロシアが旅順港に封じ込められた極東の太平洋艦隊を増援するため、バルト海所在の艦隊から戦力を引き抜いて新たに編成した艦隊。
ソンム会戦　1916年7月から同11月までフランス北部ソンム河畔で展開された第一次世界大戦中、最大の会戦。連合国側のイギリス軍・フランス軍が同盟国側のドイツ軍に対する大攻勢として開始し、最終的に両軍合わせて100万人以上の損害を出した。

車化されていなかったが、大戦中に急速にトラックの導入が進み、連合国だけで25万台が投入された。航空機も登場した。

第一次大戦の緒戦、航空機は偵察に用いられるだけだったが、そのうち機関銃を積んで航空機同士が戦闘をするようになり、航空機に爆弾を積んで爆撃する「爆撃機」も投入された。この大戦中、連合国だけで1万機が使用されたのである。さらに潜水艦までが主兵器として使われた。潜水艦は大戦前に開発されていたが、それをもっとも積極的に導入したのはドイツだった。ドイツは381隻のUボートを投入し、連合国諸国の海上輸送を震え上がらせた。

それらの新兵器のいずれもが石油を動力源とする兵器だったのである。それまで戦略物資といえば「石炭」だった。「石炭」は戦艦の動力源であり、鉄道輸送や工場の稼働に欠かせないものだった。それが第一次大戦では石油にとって代わられた。

第一次世界大戦は世界で最初の「石油を食う戦争」だったのである。つまり第一次大戦はエネルギー革命をもたらした戦争でもあった。そして当時、石油産出量で世界一を誇っていたのがアメリカだったのだ。

世界一の産油国だったアメリカ

前項で述べたように、第一次大戦で世界のエネルギー源が石炭から石油に変わった。となると、「石油を多く持っている者」が強く豊かになる。当時、世界で石油をもっとも多く産出していた国はどこか？　それはアメリカである。今でこそ石油産出国といえば中東だが、戦前はアメリカが断トツ世界一の産油国だったのである。

1859年にペンシルバニアのタイタスビルでドレーク油田が発見され、アメリカは世界で初めて石油の大量産出を始めた。その後もアメリカ各地で大規模な油田が発見された。1世紀以上に渡ってアメリカは世界最大の石油産出国の座を維持するのである。

第一次大戦の連合国側の石油もほとんどがアメリカ産だった。第一次大戦の勝敗は石油が分けたとさえ言われているのだ。第二次大戦前後も世界の石油輸出の6割程度をアメリカ一国で占めていた。

サウジアラビアなど中東の石油は第二次大戦後から本格的に開発が始まったものであり、戦前の産出量はまったく少なかった。東南アジア、ソ連などでも石油の採掘は行われていたが、アメリカに比べればまだ全然追いつかない状態だったのだ。アメリカは石油の精製技術も優れていた。アメリカは油田の開発とともに石油販路の拡大にも力を入れていたので石油を灯油、軽油、重油、ガソリンなどさまざま製品をつくり出す精製技術が急速に発展していったのである。そのため世界中の国が「石油はアメリカに頼らざるを得ない」という状況が生まれていた。日本もオクタン価の高い航空機燃料などを精製する技術はなかったため、石油そのものだけではなく航空燃料などもアメリカに頼らなくてはならなかった。第一次大戦から第二次大戦にかけてアメリカが一気に超大国の座に上り詰めたのは、「石油大国」だったことが大きな要因なのである。

このエネルギー革命で超大国の座を滑り落ちたのがイギリスだった。イギリスは、じつは石炭によって栄えていた国である。イギリスは世界有数の石炭産出国であり、17世紀後半には世界の石炭消費の85％を占めていたこともある。南ウェールズ産の石炭は燃えてもあまり煙が出ない「無煙炭」と呼ばれ、軍艦には欠かせない燃料だった。そのため世界中の国がイギリスから石炭を購入していた。石炭はイギリスに多くの富をもたらすとともに、戦争の際には戦略物資として重要な武器にもなった。

しかしその座が石油に取って代わられたために、イギリス帝国も国際的地位が低下することになるのだ。もちろん大英帝国が衰退し、アメリカが勃興するには他にもさまざまな要素がある。しかし、見過ごされがちではあるがエネルギー革命もその重要な要素だったことは間違いない。

エネルギー革命の影響を受けた日本軍

第一次大戦では日本は本格的な戦闘には参加しなかったが、第一次大戦での「兵器革命」には大きな影響を受けた。日本軍は戦艦大和のエピソードに象徴されるように新しい兵器に疎かったようなイメージがある。しかし実際はそうではない。日本軍は世界の新兵器に対して異常に関心が強かった。新兵器を導入すれば効率よく強い軍をつくることができるからだ。日本軍は世界で新しい兵器が開発されると真っ先にそれを研究した。

たとえば潜水艦の導入も日本は非常に早かった。近代潜水艦が発明されたのは明治33(1900)年である。アイルランド人ジョン・フィリップ・ホランドの設計した潜水艦をアメリカ軍が採用したのである。日本はその9年後にはホランドの設計した潜水艦を神戸川崎造

オクタン価　ガソリンのエンジン内での自己着火のしにくさ、ノッキングの起こりにくさを示す数値。オクタン価が高いほどノッキングが起こりにくい。
ジョン・フィリップ・ホランド(1840〜1914)　イギリスの小型潜水艦技術者。1900年に潜水艦ホランドがアメリカ海軍最初の潜水艦として就役。その潜水艦はイギリス海軍や大日本帝国海軍でそれぞれ最初の潜水艦として採用された。

船所で建造しているのだ。そして第二次大戦までには潜水艦の分野でも世界有数の技術力を持つにいたったのである。

日本は航空機の導入も非常に早かった。ライト兄弟が飛行機を発明したのは明治36（1903）年のことだが、その7年後の明治43（1910）年には、すでに日本陸軍の徳川好敏《よしとし》大尉が飛行機による飛行を成功させている。

徳川好敏（1884～1963）
陸軍軍人、華族。清水徳川家第8代当主にあたり、陸軍で航空分野を主導した。1910年12月19日、軍公式の飛行試験において日本国内で初めて飛行機で空を飛んだ。

日本軍の航空機数の推移

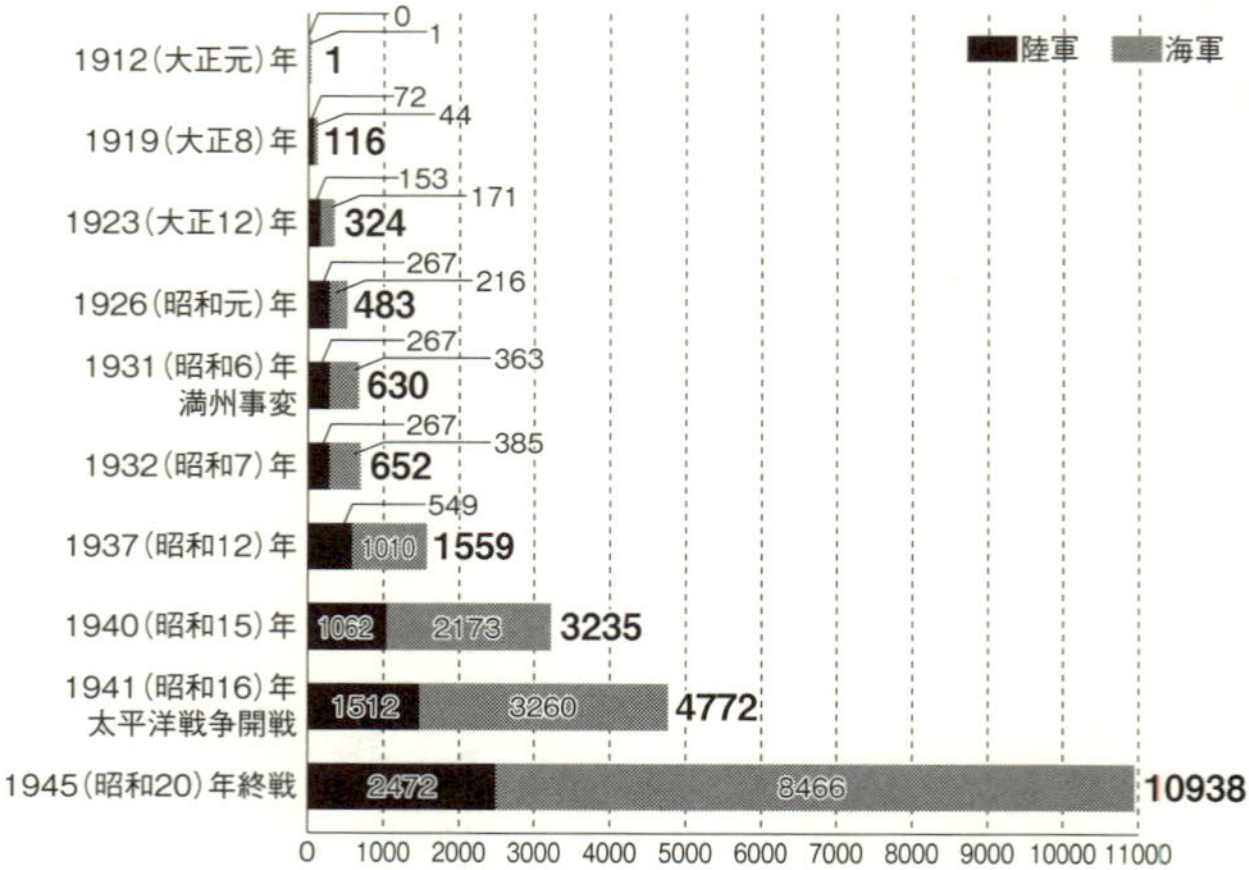

『軍備拡張の近代史』山田朗著・吉川弘文館より筆者が抜粋

しかも日本軍はこの飛行機をすぐに兵器として導入し、開発研究にも余念がなかった。昭和に入ったころには、すでに陸海軍合わせて500機近くを保持し、太平洋戦争開戦時には5000機近くに達していた。戦前の日本は航空機大国だったのである。

また日本は世界に先駆けて空母を建造している。史上、空母の原型となる船は明治43（1910）年にできた。アメリカの飛行家ユージン・イーリーがアメリカ海軍巡洋艦バーミンガムの甲板に仮設した滑走台からカーチス複葉機を発進させることに成功したのだ。ライト兄弟が飛行機を発明してわずか7年後のことである。ユージン・イーリーはほどなく飛行機の軍艦への着艦も成功させた。このユージン・イーリーの成功により海軍の先進各国はこぞってこれを本格的な兵器に仕立て上げようと考えた。日本もこの流れにいち早く飛びついた。

大正3（1914）年には貨物船若宮丸を水上機を搭載する母艦に改造し、「若宮」と改称して軍艦籍に入れた。航空機の母艦として正規の軍艦籍を入れられたのは、世界でこの「若宮」が最初である。水上機というのは水面から離発着する航空機のことである。当時はまだ船の甲板から離発着するのではなく、船で運搬し、海上に降ろして離発着させていたのである。

ユージン・イーリー（1886〜1911）アメリカの飛行家。1910年11月14日、世界で初めて軍艦から航空機で飛び立ち、発艦実験は大成功を収めた。さらに2か月後、装甲巡洋艦「ペンシルベニア」への着艦に成功している。

若宮は大正3（1914）年9月にはファルマン水上機4機を搭載して第一次大戦に出陣し、青島への偵察爆撃を行った。

日本海軍の航空機が作戦に参加したのはこれが最初である。世界海軍航空史ではイギリスのアークロイアルが世界最初の水上機母艦とされているが、実際は若宮の就役のほうが4か月早いのだ。

また最初から空母として設計され、空母として使用されたのは大正8（1919）年に命名された鳳翔が世界初なのである。

それまで空母と同じ働きをもつ軍艦はすでに現れていたが、それは巡洋艦などを改造したものだった。これらの新兵器はいずれも石油を不可欠とした。

じつはアメリカに次ぐ自動車台数を持っていた日本陸軍

石油を必要としていたのは海軍の艦船ばかりではない。陸軍もまた大量の石油を必要とするようになっていた。陸軍も航空機を大量に持っていたことはすでに述べたが、陸軍は航空機だけではなくトラックも大量に導入していたのである。

日本で自動車が本格的に普及したのは戦後のことと思われがちである。とくに陸軍は機械化が遅れ、自動車の導入も進んでいなかったようなイメージがあるが、戦前の日本は、じつは自動車大国であり、日本陸軍はアメリカに次いで自動車の導入が進んでいたのである。

ガソリン自動車は明治3（1870）年に発明されているが、本格的に普及しだしたのは明治41（1908）年にアメリカのフォードがT型フォードを製造してからのことである。

日本にも、かなり早くから自動車が入ってきていた。

日本に初めて自動車が入ってきたのは明治32（1899）年のことである。

皇太子（後の大正天皇）の御成婚祝いにアメリカの日系移民たちがプレゼントしたのだ。しかし運転できるものがおらず、試運転のときにブレーキの操作を誤って三宅坂のお堀に落ちた。これは日本最初の自動車事故として記録されている。

大正元年には298台しかなかった自動車が大正10年には2万7526台になっていた。交通事故も増え、昭和元年には交通事故死は175人、負傷9679人だったが、昭和10年には死亡525人、負傷1万8684人と急増している。

また救急車もすでにあった。昭和8年、横浜の山下消防署に中古のキャデラックを改造した

鳳翔　世界初の航空母艦。日本帝国海軍機動部隊の創設期を担った。第二次世界大戦時はすでに旧式化しており、ミッドウェイ海戦の戦闘には参加せず、終戦後は復員船として用いられ1947年に解体された。

T型フォード
アメリカのフォード社が製造した自動車。1908年に発売され、以後1927年まで基本的なモデルチェンジのないまま約1500万台が生産された。その廉価さから世界各国に広く普及した。

救急車が配備された。翌年には赤十字東京支社、名古屋の中消防署に配備された。車内には寝台があり、止血管、ヨードチンキなどが備えられており、車体は白地に赤線が一本入っており、だいたい今の救急車と似たようなかたちだった。当時の車はほとんどがアメリカ車だったが、日本も比較的早くから製造に着手していた。明治37（１９０４）年に山羽《やまば》虎夫という発明家が蒸気自動車を、明治40年には内山駒之助という発明家がガソリン車をつくっている。

フォードがT型フォードを開発した2年後の明治43（１９１０）年には日本陸軍が大阪砲兵工廠で自動車の試作を開始し、翌明治44（１９１１）年には2台のトラックが完成している。このトラックは「甲号自動貨車」と名付けられ、シベリア出兵の際には23台が派遣されているのだ。トヨタ、日産などもすでに自動車の製造に取りかかっていた。軍部では自動車を重要な軍需産業と位置付け、大正7（１９１８）年には軍用自動車補助法という国産メーカーを支援する策を打ち出していた。

大正時代、アメリカのフォード社が日本に上陸した。フォード社は大正14（１９２５）年、現地法人の日本フォード社をつくり、日本で製造販売を開始した。また昭和2（1927）年にはGM社も同様に日本上陸を果たした。両社はノックダウン方式による大量生産を開始、そのため日本の自動車市場はほとんどこの二社で占められることになった。

日本で育ち始めた自動車メーカーは、この二社の上陸で壊滅的な打撃を受けてしまった。昭和5（1930）年から昭和10（1935）年まで日本の自動車メーカーの普通乗用車の生産台数はゼロで、トラックや小型乗用車を細々とつくっていたにすぎなかった。

そんなとき、日本の自動車産業の命運を左右するある重大な出来事が起きる。昭和7（1932）年の熱河作戦の際、陸軍は初めて本格的な自動車部隊を投入した。熱河作戦では兵站《へいたん》が長いため、自動車による補給確保を試みたのだ。

この熱河作戦では、日本製のトラックのほかにアメリカのフォード、シボレーのトラックも大量に購入して投入された。フォード、シボレーのトラックは日本製よりもはるかに頑丈で性

フォード　世界の自動車王ことヘンリー・フォード一世が1903年に創業したアメリカの自動車メーカー。100年にわたり一族支配を継続している世界最大級の家族経営会社でもある。
山羽虎夫（1874〜1957）技術者。1904年、国産自動車第1号の蒸気自動車を開発し、10人乗りバスを完成。自家製ボイラーエンジンは重く、空気入りタイヤができないのでソリッドゴムとしたが、このタイヤが命取りになり試走は失敗した。
内山駒之助（生没年不詳）技術者。ウラジオストックで機械技術を学び、自動車の運転や修理の技を磨いた。1907年、日本車初のガソリン自動車「タクリー号」が吉田真太郎と内山駒之助の2人によって約10台製作された。

能もよかった。そのため部隊では日本製のトラックが支給されると残念がるという状況が生まれていた。これを見た陸軍は危機感を持ち、昭和11（1936）年に自動車製造事業法という法律がつくられたのだ。これは「国の許可を受けた事業者しか自動車を製造販売してはならない」という法律である。

この自動車製造事業法では許可を受けられる条件に「日本国に籍のある会社」という項目があった。つまり、この法律は国産の自動車会社を保護育成する目的でつくられたものだった。既存の外国企業には製造の継続は認められたが、工場の拡張などは認められなかった。フォードやGMは日本での先行きに不安を覚え、相次いで撤退した。

この自動車製造事業法で許可を受けた会社がトヨタ自動車と日産自動車、ディーゼル自動車（現在のいすゞ）だった。この3社は戦時中の軍用車両の製造をほぼ独占していた。またこの自動車製造事業法では税金の減免などの特典も織り込まれていた。戦争が激しくなっても資材や人員が優先的に確保されたのでこの3社は太平洋戦争中に非常な発展をした。戦後のトヨタ、日産などの隆盛は日本軍を抜きにしては語れないのである。

国産車は、当初は非常に評判が悪かったが、徐々に改善されていき、昭和14（1939）年に開発されたトヨタGB型トラックなどは、フォード、シボレーに匹敵するとは言わないまでも、まあまあの性能があったという。

「自動車製造事業法」が施行された翌年の昭和12（1937）年にはトヨタが3000台、日産が1300台のトラックを製造している。昭和14（1939）年には日本のトラック製造は1万台を超えている。太平洋戦争開戦の年である昭和16（1941）年には、トラックの生産台数はアメリカに次いで世界第2位であり、自動車の生産台数自体もアメリカ、イギリス、ドイツに次ぎ世界第4位だった。

自動車を動かすにはもちろん石油が必要である。海軍も陸軍も、いやが上にも「兵器革命」「エネルギー革命」の波に巻き込まれていった。石油という物資が異常に重要度を増し、その石油を握っているアメリカへの依存度が急激に高まったのである。

戦前の日本はアメリカの石油に頼っていた

太平洋戦争が始まる前までの昭和10年代、日本は500万キロリットルから600万キロリ

熱河作戦　1932年、日中戦争時における日本軍の中国熱河省、河北省への侵攻作戦。柳条湖事件（満洲事変）で満州から追い出された張学良は満州内の熱河省で義勇軍をつくり、反満抗日に動き出した。熱河作戦はこの勢力を叩くために関東軍が実施した。

ットルの石油を消費していた。民間の消費量が400万キロ前後、軍の消費量が百数十万キロ前後だった。その消費量のうちの90％以上を輸入に頼っていた。

日本は国内でも原油生産をしている。当時は秋田や新潟の油田から35万キロリットル前後が産出されていた。しかし必要原油量の10％にも満たなかった。そのため必要量のほとんどは輸入に頼らざるを得ず、その輸入量の80％以上はアメリカに頼っていた。つまり石油の消費量の70％強をアメリカに頼っていたのである。しかも戦争になれば石油の消費量は激増する。

海軍の動きが少なかった日中戦争でも、100万キロリットル以上の石油を消費していたのだ。海軍がフル稼働する対米戦争となると400万キロリットル程度の石油が必要となる。この切実な事情は日本も重々承知していた。

そのため、かなり早い段階から石油の節約と代替エネルギーの開発に取り組んでいた。第一次大戦中の大正7（1918）年、早くも海軍省から「軍用石油需給の根本策に関する覚」が発表されている。これは石油事業の国営化、民間の石油会社の合同化、海軍精油所の建設などを提議したものである。

海軍は今後、石油が燃料として重要になるだろうと見越して、この提議を行ったのだ。当時は、まだ主力艦は石炭を燃料としていた時代なので海軍はかなり先を見通していたということである。

また民間でも石油の需要性を認識していた。

日米開戦の10年以上も前の昭和5（1930）年、「代用燃料自動車普及会」が木炭自動車による「東京―大阪間の走行会」を開催している。このとき木炭車は平均時速22キロ、木炭1キロあたりの走行距離は5キロだったという。当時の道路事情などを考えれば悪くない性能だったようだ。昭和11（1936）年には三菱重工が木炭自動車の製造を始めている。

昭和12（1937）年、日中戦争が始まると国は本格的に石油規制を始めた。翌13（1938）年から石油は配給制になった。市民の足となっていたバスにもガソリンの割当数量を厳しく制限し、木炭車への切り替えを推進させた。全国のガソリン使用のバスは昭和15（1940）年には1万2000台だったが、昭和16（1941）年には5700台、昭和17（1942）年にはゼロになっている。その結果、民間の石油消費量は劇的に減少した。

そこまで涙ぐましい努力をしても石油を輸入に頼っている限り、その備蓄はいずれ底をつく。

木炭自動車　木炭をエネルギー源とし、車載した木炭ガス発生装置で発生する一酸化炭素ガスと同時にわずかに発生する水素を内燃機関の燃料として走る自動車。1951年に運輸省が木炭自動車の廃止にむけて動き出すことを発表した後は急速に姿を消した。

アメリカは日本への石油輸出制限の姿勢を強めており、輸出禁止も現実味を帯びてきた。そこで日本が採ったのが南方進出という選択肢だったのである。

日本は南方作戦で石油を確保できたのか？

日本は太平洋戦争開戦直後に東南アジアの産油地域に兵を進めた。いわゆる南方作戦である。南方作戦の大きな目的は石油の確保であった。では南方作戦によって日本は果たして石油を確保できただろうか？

開戦当初、日本はオランダ領だったスマトラ島などを急襲した。スマトラ島のパレンバンは世界的に有名な石油産地だった。ここにはイギリス系ＢＰＭ会社、アメリカ系スタンダード系のＮＫＰＭ社の石油会社などが巨大な精油所をつくっていた。パレンバンのオランダ軍では日本軍の急襲を予測しており、強固な防衛体制を敷くとともに、もし日本軍に占領されたときのために石油施設を爆破する手筈も整えていた。もちろん日本軍もそれは承知の上だった。

正攻法で行けば戦いのさなかに石油施設を破壊される恐れがあったので、陸軍の落下傘部隊によって急襲したのである。落下傘部隊の兵たちは日本の石油施設で訓練を積んでいた。石油施設を確保するとすぐに重要部分のコルクを締め、破壊による被害を最小限に食い止めたのだ。

これらの作戦により日本は彼の地の石油を手に入れることができたので日本の石油不足は一応、一息つくことができた。

下の表のように昭和17年には167万キロリットルを日本に届けることができた。開戦前、企画院が立てた見込みでは昭和17年は30万キロリットルとなっている。企画院は現地軍の破壊工作などによって普及には時間がかかると見ていた。しかし油田制圧部隊は予想を上回る手際の良さで油田を確保し、石油産出を開始したのである。

昭和18（1943）年には230万キロリットルの石油を日本に輸送している。これは日本の石油需要をすべてまかなうには足りなかったが、必要最低限はカバーすることができる量だ

南方石油の日本への輸送量

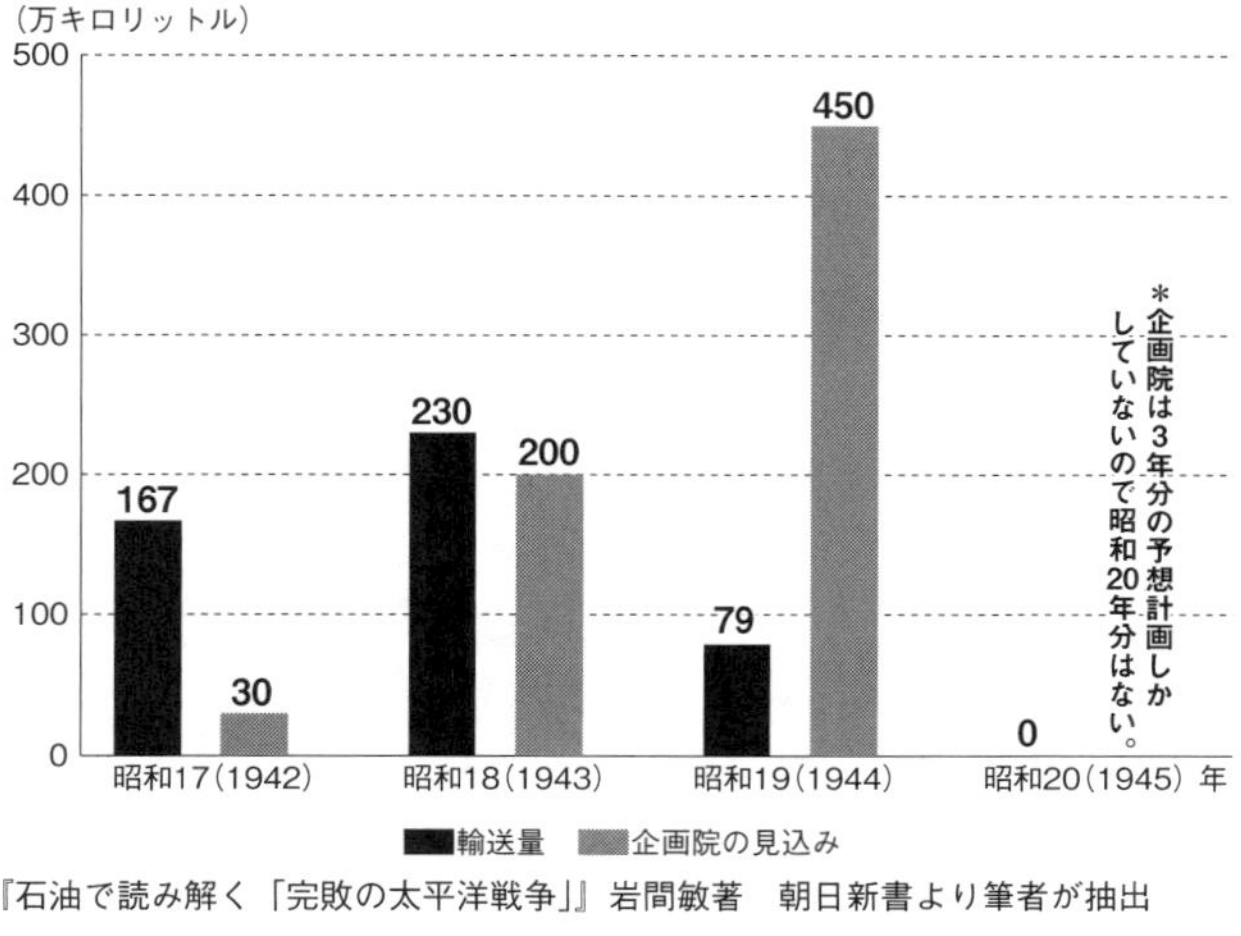

『石油で読み解く「完敗の太平洋戦争」』岩間敏著　朝日新書より筆者が抽出

った。

ところがせっかく確保した南方の石油も、やがて輸送不可能となってしまう。制空権をアメリカに奪われつつあり、またアメリカは潜水艦を大量に太平洋に配置して日本の輸送船を襲っていた。そのため石油を積んだタンカーが無事日本に到着することが少なくなっていったのである。

昭和19（1944）年には南方からの石油輸入が79万キロリットルに落ち込み、終戦の年、昭和20（1945）年の1月以降はまったく輸入できなくなったのだ。

第8章

日米英独の誤算

ドイツの誤算～裏目に出たユダヤ人迫害政策～

ドイツは開戦後わずか一か月で強国フランスを降伏させ、イギリス軍をヨーロッパ大陸から駆逐した。これを見たとき、世界中の人々が次のヨーロッパの覇権はドイツが握るのではないかと思ったはずだ。にもかかわらず、ドイツは悲惨な敗北を喫してしまった。一体どこにドイツの敗戦の原因があったのか？

もちろん一つ、二つの原因ではなく、さまざまな複合的な要因によるものである。が、あえて大きな原因を挙げるとすれば次の二つであろう。

・戦線を拡大しすぎたこと

・ユダヤ人をはじめとするドイツ人以外の民族的迫害を行ったこと

ドイツはダンケルクの戦いで英仏軍を追い落とした後、イギリス上空での空戦「バトル・オブ・ブリテン」ではイギリス軍を攻めあぐね、戦況は膠着状態に陥った。この戦況を打開するために今度はソ連に攻め込む。

ドイツのソ連侵攻の最大の理由は独ソの関係悪化である。が、常識的に考えてイギリスとソ連という二つの大国と同時に戦争をするのは非常に危険なことである。しかもドイツは日本が真珠湾攻撃を行った3日後に、日本の要請を受けてアメリカに対しても宣戦布告をしている。イギリス、ソ連に加えてアメリカまでも敵としてしまったのである。ここまで敵を増やしてしまえば勝てるはずがない。同様のことが日本にも言える。

もう一つ、ユダヤ人の迫害政策もドイツの戦況に大きく影響を与えた。アメリカがドイツとの戦争に傾いたのも、このユダヤ人迫害政策が影響している。アメリカにもユダヤ人は大勢いたからだ。

ユダヤ人迫害政策はドイツ国内でこそ支持されていたが、世界中で非難の対象となっていた。友好国の日本でさえユダヤ人迫害については嫌悪感を表明しており、暗に非難することもあった。

「ドイツがヨーロッパの覇権を握ればゲルマン人以外の民族は大変なことになる」

という危惧を世界中の国々に抱かせたのである。

イギリスやアメリカのエゴにより崩壊してしまった世界経済秩序だが、ドイツにも任せることはできないというのが世界中の人々の本音だったはずだ。

日本首脳の予想通りだった太平洋戦争の戦況

「日本は本当にアメリカに勝つ気でいたのか？」

これは太平洋戦争の大きな謎として、よく語られることである。日本の国力は明治以降、確

ダンケルクの戦い　第二次世界大戦初期の西部戦線における戦闘の一つで、ドイツ軍のフランス侵攻の1940年5月24日から6月4日の間に起こった戦闘。フランス軍、イギリス軍は輸送船のほかに小型艇、駆逐艦、民間船などすべてを動員して撤退。

かに急激に充実したが、アメリカにはまったく及ばないものだった。

　たとえば産業のカナメとされる銑鉄。下図のように鉄の生産量を見れば、１９４０年の時点でもアメリカの１割にも満たず、イギリスの３分の１以下なのである。まだ国力の差は歴然としていたのだ。ちなみに現在の銑鉄の生産量は日本とアメリカはほぼ同量である。

　鉄は国の産業の上でも軍事力の上でも、もっとも基本的な要素である。基本要素の時点で10倍以上の差がついているのだ。そんな国に戦いを挑んで勝てるはずはないと考えるのが常識というものだろう。もちろん、当時の日本の首脳部や軍部もわかっていたことである。わかっていながら、なぜアメリカに戦いを挑んだのか？

銑鉄の生産量

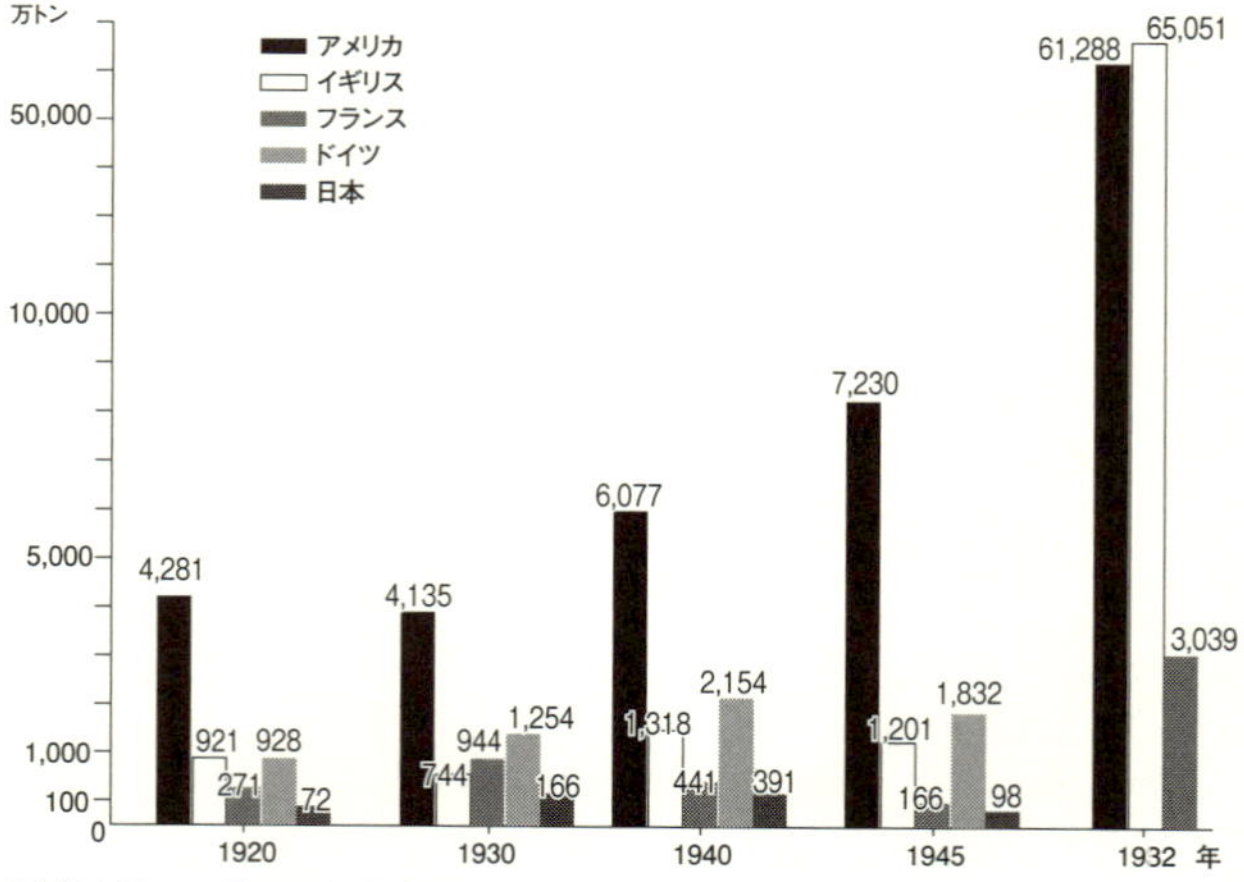

『外貨を稼いだ男たち』小島英俊著・朝日新書より抜粋

最初から負けるとわかっていて自爆的に戦争を起こしたのか？

そうではない。当時の日本の首脳部や軍部はそこまでバカではない。彼らは彼らなりに戦争の計画を立て、勝つとまではいかずとも負けないための方策を描いていたのだ。その計画予想が破れたために大敗北を喫してしまったのである。

では彼らが描いていた計画予想というのはなにか？

端的に言えば「短期決戦」である。日本が太平洋戦争の開戦に踏み切ったのは「イギリスがもうすぐ降伏する」と考えていたからである。ナチス・ドイツは開戦以来、破竹の勢いでヨーロッパを占領していたのでイギリスの降伏も時間の問題と考えたのだ。

日本の戦争計画も経済財政計画も、すべてヨーロッパ戦線のドイツの戦いぶりを前提に立てられていた。たとえば企画院の「対米戦争における影響の予想」は3年分しか策定されていない。企画院は外交、軍事、財政経済における重要政策の企画立案をする官庁で、昭和12（1937）年に内閣の直属機関として設置され、各省庁や陸海軍から選りすぐりのエリートたちが入っていた。その企画院が「この戦争は長くても3年」と考えていたのだ。

じつは太平洋戦争の戦況は、開戦前に政府首脳部や軍部が立てた計画通りに進んだのである。太平洋戦争前に策定された作戦計画「対米英蘭戦争ニ伴フ帝国陸軍作戦計画」では香港、タイ、ビルマの一部、マレー、シンガポール、スマトラ、ジャワ、ティモール、ビスマルク諸島（ラバウル等）、モルッカ諸島、セルベス、ボルネオ、フィリピン、グアムを占領することになっていた。

この計画は開戦半年の間にほぼ達成されている。海軍はこれとは別に「イギリスの東洋艦隊の撃滅、アメリカのハワイ主力艦隊の減殺、西太平洋の制海、制空権の確保」という目標を立てていた。この計画も開戦直後にほぼ達成している。しかもイギリスの東洋艦隊を壊滅させたことは目標以上の戦果であり、点数としては100点以上であった。「開戦から2〜3年後にはアメリカが強大な工業力、資源力により大攻勢をかけてくる」という予測もしていた。このことは誤算でもなんでもなく当初のシナリオ通りだったのである。

日本の最大の誤算は「ヨーロッパ戦況」の読み違え

しかし一つだけ、当初の計画と違っていた部分がある。「ヨーロッパの戦況」である。

前述したように、太平洋戦争開戦前の日本はイギリスがすぐにでも降伏すると踏んでいた。しかも開戦早々にイギリスの東洋艦隊を撃滅させ、東洋一の要塞と言われたシンガポールも陥落させた。これでイギリスは降伏をするはずだった。しかし予想を覆してイギリスはなかなか降伏しなかった。

日本はヨーロッパの戦況をまったく読み違えていたのである。じつは太平洋戦争を開戦した時点では、すでにドイツ軍はイギリスでの制空権をかけた戦い「バトル・オブ・ブリテン」に事実上敗れていた。

「バトル・オブ・ブリテン」とはドイツ軍がイギリスでの制空権を確保するためにイギリスに攻め込み、イギリスがこれを迎撃した戦いである。昭和15（1940）年の7月から10月にかけてイギリス上空、ドーバー海峡等で行われた戦いで、当初はドイツ軍が優勢だった。しかしイギリス軍はレーダーなどを駆使して反撃し、次第にドイツ軍の被害が多くなり、ドイツはこの戦いから撤退した。つまりドイツ軍は事実上、イギリス上陸を断念していたのだ。ソ連での戦闘も膠《こう》着状態に陥っていた。

にもかかわらず日本はドイツがすぐにでもイギリスやソ連を降伏させると思い込んでいたのだ。対米開戦直後、日本は同盟国のドイツとイタリアに対してアメリカへの参戦と「単独不講和」を要請している。なぜ「単独不講和」を要請したかというと、ヨーロッパの戦争はもうすぐ終わるかもしれないと考えていたからだ。ドイツがイギリスとソ連を破るか、もしくは講和してしまえば、日本は単独でアメリカ、イギリスと戦争をしなければならない、それを避けるためにドイツ、イタリアに対して単独不講和を強く求めたのだ。

日本側がいかにヨーロッパの戦況に疎かったかということである。この「単独不講和」は逆に日本を苦しめることになる。ドイツの戦況不利が判明してからも日本が単独で講和する機会を失ってしまったからだ。もし開戦前の日本がヨーロッパの戦況を的確につかんでいれば、いくらなんでも対米戦は仕掛けていないはずだ。日本の最大の敗因は「情報力不足」であった。

軍事にしろ経済にしろ、いちばん重要なのは「情報力」であり、日本の首脳部にはそれが欠けていたのである。

「日本は一年足らずで降伏する」とアメリカは想定していた

誤算をしていたのは日本だけではない。第二次大戦の主要参戦国のほとんどが大きな誤算をしていた。日本を完膚なきまでに叩きのめしたアメリカも例外ではない。

開戦前のアメリカは日本を非常に甘く見ていた。アメリカとその同盟国は日本を経済封鎖していたが、それゆえ日本の軍需物資の備蓄は一年も持たないと踏んでいたのだ。財務長官の特別補佐官のハリー・デクスター・ホワイトは、日本の石油の備蓄は一年以内に底をつくと算出していた。ハリー・デクスター・ホワイトはハル・ノートの起草者とされ、日米開戦の鍵を握る重要人物だった。他のアメリカの官僚たちも同じ程度か、もっと短い期間を予想していた。石油に限らず鉄鋼などの生産も一年も持たないと見ていた。食糧の輸入なども途絶えているために国民経済もすぐに破綻すると見ていたのだ。

輸出入に頼っている日本経済では、ここまで完全に経済封鎖をされれば物資が不足し、物価が高騰し、失業者があふれ、市場経済は崩壊してしまうはずである。日本が戦争を仕掛けてきたとしても日本は内部から崩壊し、戦争の継続は不可能と考えていたのだ。

日本の戦争遂行能力は数か月も持たない、アメリカの被害もたいしたことはないと踏んでいた。だからこそルーズベルトは日本との戦争の道を選んだのだ。

が、その観測は甘かった。

日本は昭和13（1938）年に国家総動員法を制定し、戦争になった場合、国の物資や人的資源を国が集中管理できる体制をつくり、アメリカが石油禁輸などの経済制裁を始める前に物資の統制を始めていた。

昭和14（1939）年10月には国家総動員法に基づいて価格等統制令が公布された。これに

ハリー・デクスター・ホワイト（1892〜1948）　アメリカの官僚。フランクリン・ルーズベルト政権のヘンリー・モーゲンソー財務長官のもとで財務次官補を務めた。

より国内物価を同年9月18日の水準に凍結したのである。闇市場などで一部、物価の高騰は見られたが、終戦までは物価高騰や物不足による混乱、暴動などはほとんど起きなかった。国民は内々で不満を持ちながらも終戦までは経済破綻にはいたらなかった。

つまりアメリカが予想していた「市場経済が崩壊する」前に、日本は「統制経済を構築し」、経済の混乱を防いでいたのである。こうした混乱のない社会はアメリカ人の価値観から見ればじつに異常に映る。

アメリカの場合、物資が不足すれば物価が高騰し、市民は混乱したり暴動が起きたりする。とても統制経済などに耐えうる国民性ではない。だから日本人が物資不足に耐え忍び、戦争のために国力すべてを集中するとは考えられなかったのだ。

戦時中の日本では鉄、石油などの軍需物資は軍に最優先で配分された。さらに開戦とともにイギリス、アメリカが握っていた東南アジアの資源地帯を占領し、資源不足を補った。これにより長期の戦争継続が可能になった。

アメリカの予想を覆し、日本は3年半もの間、アメリカとの戦争を継続させたのである。しかもアメリカに10万人にも上る多大な人的被害をもたらしたのである。もしアメリカが開戦前に「日本にこれほど長期の戦争遂行能力があること」「アメリカがこれほどの被害を蒙ること」

がわかっていたら、安易に戦争への道は選ばなかったはずだ。

イギリス最大の誤算〜プリンス・オブ・ウェールズの撃沈〜

イギリスの誤算は東南アジアのイギリス領が簡単に日本軍の手に落ちてしまったことだ。当時のアメリカ、イギリスの対日本戦略にとって拠り所となっていたのがイギリスの東洋艦隊であった。イギリスの東洋艦隊には不沈戦艦とされていたプリンス・オブ・ウェールズが派遣されていた。

海軍力で世界に君臨してきたイギリスが国の威信をかけてつくったのがプリンス・オブ・ウェールズである。このプリンス・オブ・ウェールズが開戦早々にあっけなく沈められてしまったのだ。

太平洋戦争開戦直後、プリンス・オブ・ウェールズは日本海軍の航空隊の空爆によって撃沈させられた。作戦行動中の戦艦が航空機の行動によって沈められたのはこのときが初めてである。

プリンス・オブ・ウェールズは当時、世界最強の戦艦とさえ言われていた。1941年に就航したばかりの最新鋭の戦艦である。またアジアに回航される前にドイツ軍とも戦闘しているが、このときは互角以上の戦いをしている。

イギリスがアジア地域に最新鋭の戦艦を派遣することは稀なことだった。当時日本が東南アジアへの侵攻をちらつかせており、イギリスとしてはなんとかしてこれを食い止めたかった。そのためドイツから苦戦を強いられているなかで、あえてイギリス最強戦艦をアジアに派遣したのだった。

昭和16（1941）年12月10日、プリンス・オブ・ウェールズはマレー沖に出撃した。日本軍のマレーシア上陸を阻止するためである。プリンス・オブ・ウェールズはこのとき護衛機を一機もつけていなかった。それには二つの理由が考えられる。

一つは、日本の航空隊がここまで攻撃できるはずはない、と思っていたのだ。当時の爆撃機の航続距離の常識では日本軍が航空基地からプリンス・オブ・ウェールズを攻撃できるはずはなかったのだ。

もう一つは、戦艦が航空機の攻撃だけで撃沈されるとは思っていなかった。これは当時の海軍の常識からすれば、ごくまっとうな考えだった。しかしこの常識は日本軍によってあえなく破られた。日本軍の爆撃機「一式陸攻」は当時の常識を超える航続距離を備えていたのである。

チャーチル首相の回顧談では第二次大戦でもっとも衝撃を受けた出来事としてこの「プリン

ス・オブ・ウェールズ」の撃沈を挙げている。このプリンス・オブ・ウェールズの撃沈によって世界の海戦は戦艦の時代から航空機の時代になったとされている。

またイギリスは陸上でも日本軍にあっけなく掃討されてしまった。日本軍のマレー半島上陸時、この地域でのイギリス軍の兵力は14万人だった。対する日本軍は3万5000人だったので4倍の兵力差があった。イギリス軍は現地軍やオーストラリア軍などの寄り合い所帯だったが、それでもイギリス兵だけで3万8000人もいて日本軍をしのいでいた。つまりイギリス軍は、イギリス兵より少ない日本兵に敗れたのである。

シンガポールには難攻不落と言われた要塞が築かれており、連合国の合同司令部も置かれていた。

マレー沖で激沈されるプリンス・オブ・ウェールズ（下）とレパルスの最期

このシンガポールも日本軍に包囲され水道管を爆破されて水源地を失い、あっけなく降伏した。シンガポールで8万人、マレーで5万人のイギリス軍（マレー軍を含む）兵士が投降した。約13万人も捕虜を出して降伏したことは大英帝国の栄光の歴史のなかで受けた初めての屈辱だった。

日本がアジアに仕込んだ時限爆弾

日本軍の東南アジア占領は英米にとって重大な打撃を与えたが、英米軍はその後、態勢を立て直し反撃に出る。そして日本軍を敗北に追い込み、再度東南アジアは英米仏蘭などの手に渡る。しかし日本軍は東南アジア全域に巨大な時限爆弾を仕掛けていた。

そもそも東南アジア地域が簡単に日本軍の手に落ちたのは欧米諸国の植民地政策に対する現地の反発があったからだ。

日本軍はF機関と呼ばれる諜報機関などによって、東南アジア全域で独立運動家らを支援し、イギリス軍への蜂起を誘導させていた。F機関はマレーの「マレー青年同盟」やバンコクの「インド独立連盟」などと協定を結び、対イギリス軍への共闘を行った。

日本は「インド独立」「マレー独立」などを掲げて進軍し、イギリス軍に属しているインド兵にも投降を呼びかけた。マレー半島の人々は日本軍を解放軍として歓迎し、逆にイギリス軍には抵抗運動を行った。イギリス軍は内部にインド兵を抱えており、彼らの叛乱にも怯えなければならなかった。

オランダ領のジャワ島では日本軍が進軍してきたとき、多くの現地人が日の丸を掲げて歓迎した。それを見たオランダ軍の士気は低下し、日本軍はほとんど無血開城のような状態で進軍し、ジャワ島上陸からわずか10日でジャワ島のオランダ軍を降伏させた。東南アジアが簡単に日本軍の手に落ちたのは欧米諸国植民地主義への怨嗟の賜物とも言えるのだ。

日本は占領した東南アジア諸国に対して政府を樹立させて独立をさせたり、独立の準備を始めさせたりしていた。それらは日本の傀儡だとして後世では非難されている。しかし欧米諸国が行っていた植民地政策ではなかなかありえなかった「現地人の政府による独立」をまがりなりにも達成していたのである。

一式陸上攻撃機　1941（昭和16）年、皇紀2601年4月に制式採用されたため「一式」と命名された日本帝国海軍の陸上攻撃機。三菱重工業で製造され、終戦まで主力攻撃機として使用された。

インド独立連盟　インド独立運動を行っていたラース・ビハーリー・ボースによって設立されたのがインド独立連盟。1943年、チャンドラ・ボースがインド独立連盟総裁とインド国民軍の司令官兼仮政府首班となり、インパールで英軍と戦ったが敗北。

マレー青年同盟　日本軍は戦前からF機関の工作員をマレー半島に潜入させイブラヒム・ヤーコブが指導する「マレー青年同盟」と協定を結んで反英活動を援助。マレー青年同盟はマレー人の懐柔、食糧の調達など積極的に日本軍に協力した。

日本軍は現地の「新政府」や独立運動家に対して武器援助を行ったり軍事指導を施した。それが後に時限爆弾となって爆発することになる。

植民地を失った戦勝国たち

たとえばビルマでは、日本軍はタキン・アウンサンら独立運動の指導者を日本に呼び寄せて軍事教練を行った。タキン・アウンサンらはビルマに帰国後、バンコクでビルマ独立軍を組織した。ビルマ独立軍は日本軍の支援の元、イギリス軍と戦闘しビルマ国内からイギリス軍を駆逐したのである。

そして日本軍は独立準備委員会をつくり、１９４３年にビルマを独立させる。日本軍の敗北とともにビルマの独立は一旦霧消し、再びイギリスの植民地となる。しかしその後、日本軍の支援と教育を受けたビルマ独立運動軍はイギリス軍に猛烈に独立闘争を展開する。第二次大戦で疲弊したイギリスにはもうそれを抑える力はなく、１９４８年、ビルマは晴れて独立を果たす。

インドでも似たような経緯がある。日本軍は第二次大戦中、インドの独立運動家のチャンドラ・ボースを支援していた。それを背景にチャンドラ・ボースは昭和18（１９４３）年10月21

日、自由インド政府の樹立を宣言する。そしてボースは日本軍が捕虜にしていたインド兵からなるインド国民軍をつくった。

インド国民軍はイギリスと戦い、イギリスをインドから追い出すことを目的としていた。このインド国民軍はインドの人々から圧倒的な支持を受けていた。しかし日本の敗戦により、インド国民軍の闘争継続は不可能となった。

終戦後の昭和20（1945）年11月、インド国民軍の3人の将校がデリーのレッド・フォートで裁判にかけられ、「イギリスに対する反逆の罪」で「終身流刑」となった。この判決がインド全土に怒りをもたらし、多くの地域でデモや騒乱が起きた。

この騒乱をきっかけにインドの独立運動は一気に過熱し、イギリス当局もインド民衆の反発に抗しきれず、捕らえられていたインド国民軍の将兵たちはすべて解放された。そして1947年、ついにインドは独立を果たした。

これらの独立運動はビルマ、インドに限ったことではない。東南アジア全域において同じような現象が起こった。その結果、第二次大戦後に欧米諸国はアジア地域の植民地のほとんどを

F機関　第二次大戦時に設置された特務機関で占領地域あるいは作戦地域で宣伝戦・心理戦、民心獲得工作などを担った組織。F機関の人員はすべて陸軍中野学校出身の青年将校だった。

チャンドラ・ボース
(1897〜1945)
インドの独立運動家。自由インド仮政府国家主席兼インド国民軍最高司令官。ソ連の支援でインド独立を目指すため日本経由でソ連へ向かう移動中に飛行機事故で死亡。

タキン・アウンサン
(1915〜1947)
ビルマ（ミャンマー）の独立運動指導者。建国の父と仰がれる。第二次大戦中、独立のため日本軍に協力、のち抗日運動を指導。戦後は英国からの独立達成に尽力したが暗殺された。

手放すことになった。しかもそれはやがてアフリカにまで波及することになる。

第二次世界大戦は日独英米のいずれの国も多くのものを失った戦いである。この大戦争は「自由主義対全体主義の戦い」ではなく「帝国主義崩壊の戦い」だったのである。

あとがき

17世紀以降、世界経済はイギリスをはじめとした欧米列強によって、秩序がつくられてきた。産業革命の成功により、欧米列強によってつくられた世界経済秩序は、より強固なものとなった。この経済秩序によって、世界は一定の発展と繁栄を享受してきた。

が、19世紀の終盤、東西に二つの新興勢力が現れる。

日本とドイツである。

日本とドイツは、19世紀後半、突如、勃興し、急激にその経済力を伸ばしていった。そして、これまで欧米列強がつくってきた世界の経済バランスを壊し始めた。

その新興勢力の挑戦に対し、既存の列強たちは必死に既得権益を守ろうとした。当然、両者の衝突が起きる。それがエスカレートしたのが、第二次世界大戦なのだ。

近代の世界経済は、長らく欧米と日本を中心とした秩序がつくられてきた。アジア、アフリカの植民地が相次いで独立し発展してきたものの、世界経済のイニシアティブを握るにはまだ遠い状況が続いていた。

が、20世紀末から急激に勃興していた新興勢力がある。

中国である。

現在の中国の台頭というのは、20世紀初頭の日本、ドイツ以上のものがあると思われる。何しろ中国は人口が多い。彼らの平均所得がアメリカの半分に達した段階で、アメリカの5倍以上の経済規模を持つことになる。中国は恐るべき経済大国になる要素を、十二分に秘めているのだ。

新興勢力が勃興すると、どうしても既存の秩序は脅かされる。既存の秩序側は、新興勢力を抑えようとする。

そして、新興勢力側は、それを撥《は》ね除けるために無茶な事もしかねない。

両者が対応を誤ると、世界はまた大変なことになる。

現代世界は、人類が第二次世界大戦から学ぶものがあったのか、試される時期に来ているのかもしれない。

最後に、ビジネス社の唐津氏をはじめ、本書の製作に尽力をいただいた方々にこの場を借りて御礼を申し上げます。

著者

参考文献

『戦前・戦時日本の経済思想とナチズム』柳澤治著／岩波書店
『ケインズ』R・スキデルスキー著／浅野栄一訳／岩波書店
『ドイツ経済史 』H・モテック著／大島隆雄訳／大月書店
『ドイツ大インフレーション』渡辺武著／大月書店
『金融資本と社会化～ワイマル初期ドイツ金融資本分析～』松葉正文著／有斐閣
『防共ナチスの経済政策』H・シャハト著／景山哲夫訳／刀江書院
『戦時経済とインフレーション』H・シャハト著／越智道順訳／叢文閣
『明日の金融政策と輸出金融』H・シャハト述／東京銀行調査部
『ドイツは語る　新生ドイツの実相』H・シャハト監修／三上正毅訳／今日の問題社
『ナチス経済とニューディール』東京大学社会科学研究所編／東京大学出版会
『ナチス経済』塚本健著／東京大学出版会
『ドイツ農村におけるナチズムへの道』豊永泰子著／ミネルヴァ書房
『ドイツの金融システムと金融政策』羽森直子著／中央経済社
『ケインズと世界経済』岩本武和著／岩波書店
『通貨燃ゆ』谷口智彦著／日本経済新聞社
『ナチス経済法』日満財政経済研究会編集／日本評論社
『ナチス厚生団』権田保之助著／栗田書店
『ナチス独逸の財政建設』W・プリオン著／金融研究会訳／ダイヤモンド社
『利益が多くて配当の少い独逸の会社』石山賢吉著／ダイヤモンド社
『ナチス狂気の内幕』アルベルト・シュペーア著／品田豊治訳／読売新聞社
『わが闘争・完訳 上下』アドルフ・ヒトラー著／平野一郎、将積茂訳／角川書店
『現代ドイツ史入門』ヴェルナー・マーザー著／小林正文訳／講談社
『物語ドイツの歴史』阿部謹也著／中央公論社
『図説西洋経済史』飯田隆著／日本経済評論社
『ナチス経済の構造分析』ルードルフ・ヒルファディング著／倉田稔訳／新評論社
『ナチス統治下の民衆生活』村瀬興雄著／東京大学出版会
『ナチズムの記憶』山本秀行著／山川出版社
『総統国家』ノルベルト・フライ著／芝健介訳／岩波書店
『ナチ統治下の民衆』リチャード・ベッセル編／柴田敬二訳／刀水書房
『ヒトラーを支えた銀行家』ジョン・ワイツ著／糸瀬茂訳／青山出版社
『第三帝国の社会史』リヒアルト・グルンベルガー著／池内光久訳／彩流社
『ナチス経済と欧州の新秩序』小穴毅著／朝日新聞社
『ナチス・ドイツの社会と国家』南利明著／勁草書房
『ヒトラー全記録』阿部良男著／柏書房
『ヒトラーの金脈』ジェイムズ・プール、スザンヌ・プール著／関口英男訳／早川書房
『ナチス副総統ボルマンを追え』檜山良昭著／東京書籍
『ヒトラーのテーブルトーク上下巻』アドルフ・ヒトラー／吉田八岑監訳／三交社
『日本経済史　近世―現代』杉山伸也著／岩波書店

『帝国主義下の日本海運』小風秀雅著／山川出版社
『日本経済史』石井寛治編／東京大学出版会
『日本経済史』永原慶二著／岩波書店
『日本の鉄道草創期』林田治男著／ミネルヴァ書房
『日本の鉄道』沢和哉著／築地書館
『日本経済の200年』西川俊作著／日本評論社
『日本産業史』有沢広巳監修／日本経済新聞社
『テレコムの経済史』藤井信幸著／勁草書房
『東アジア近現代通史　1〜5』岩波書店
『事典昭和戦前期の日本』伊藤隆監修／百瀬孝著／吉川弘文館
『日本軍事史　上下巻』藤原彰著／日本評論社
『幕末維新期の外交と貿易』鵜飼政志著／校倉書房
『西洋の支配とアジア』K・M・パニッカル著／左久梓訳／藤原書店
『日本の戦争ハンドブック』歴史教育者協議会編／青木書店
『日英同盟』関榮次著／学習研究社
『戦争の科学』アーネスト・ヴォルクマン著／茂木健訳／神浦元彰監修／主婦の友社
『日本の軍事テクノロジー』碇義朗ほか著／光人社NF文庫
『空母入門』佐藤和正著／光人社NF文庫
『富士重工業』当摩節夫著／三樹書房
『太平洋戦争期日本自動車産業史研究』大場四千男著／北樹出版
『完本・太平洋戦争（一）』文藝春秋編／文春文庫
『完本・太平洋戦争（二）』文藝春秋編／文春文庫
『完本・太平洋戦争（三）』文藝春秋編／文春文庫
『一下級将校の見た帝国陸軍』山本七平著／文春文庫
『幾山河』瀬島龍三著／産経新聞社
『私の中の日本軍』山本七平著／文芸春秋
『帝国陸軍の本質』三根生久大著／講談社
『帝国陸軍の栄光と転落』別宮暖朗著／文春新書
『軍人優遇論』武藤山治著／実業同志会調査部
『帝都と軍隊』上山和雄編／日本経済評論社
『世相でたどる日本経済』原田泰著／日経ビジネス人文庫
『日本農業史』木村茂光編／吉川弘文館
『日本の産業化と財閥』石井寛治著／岩波書店
『石油がわかれば世界が読める』瀬川幸一編／朝日新聞出版
『金融と帝国』井上巽著／名古屋大学出版会
『石油で読み解く「完敗の太平洋戦争」』岩間敏著／朝日新聞出版
『戦前日本の石油攻防戦』橘川武郎著／ミネルヴァ書房
『石油の歴史』エティエンヌ・ダルモン／ジャン・カリエ著／三浦礼恒訳／白水社
『日本の外交　第1巻』井上寿一編／岩波書店
『戦前日本の安全保障』川田稔著／講談社現代新書
『日本経済を殲滅せよ』エドワード・ミラー著／金子宣子訳／新潮社

著者プロフィール
武田知弘（たけだ・ともひろ）
1967年生まれ、福岡県出身。
1991年大蔵省（現・財務省）に入省し、バブル崩壊前後の日本経済の現場を見て回る。
大蔵省退官後、出版社勤務などを経て、フリーライターとなる。
歴史の秘密、経済の裏側を主なテーマとして執筆している。
主な著書に『世界を変えたユダヤ商法』『本当はスゴイ！血液型』『マネー戦争としての第二次世界大戦』（ともにビジネス社）、『ナチスの発明』『戦前の日本』『大日本帝国の真実』（ともに彩図社）、『ヒトラーの経済政策』『大日本帝国の経済戦略』（ともに祥伝社）、『経済改革としての明治維新』（イースト・プレス）、『経済で謎を解く関ヶ原の戦い』（青春出版社）などがある。

なぜヒトラーはノーベル平和賞候補になったのか

2019年10月15日　第1刷発行

著　者　　武田 知弘
発行者　　唐津 隆
発行所　　株式会社ビジネス社
〒162-0805　東京都新宿区矢来町114番地 神楽坂高橋ビル5階
電話　03(5227)1602　FAX　03(5227)1603
http://www.business-sha.co.jp

印刷・製本　大日本印刷株式会社
〈カバーデザイン〉尾形 忍（スパローデザイン）
〈本文組版〉茂呂田剛（エムアンドケイ）
〈編集担当〉本田朋子
〈営業担当〉山口健志

ISBN978-4-8284-2136-0